10,00

Peter Brunnert - *Wirklich oben bist du nie*

Panico

Peter Brunnert

Wirklich oben bist du nie

ISBN 3-936740-29-1

Titelbild: Die Brücke am „Größlerweg“ (Frühlingsturm, Elbsandsteingebirge), Foto Karl Däweritz

1. Auflage 2006

ISBN 3-936740-29-1

Golterstrasse 12
D-73257 Köngen
Tel. (0 70 24) 8 27 80
Fax. (0 70 24) 8 43 77
e-mail: alpinverlag@panico.de

Inhalt

„Wirklich oben bist du nie."

Reinhard Karl (1946-1982) nach seiner Besteigung des Mount Everest 1978

„Nichts ist scheißer als Platz zwei."

Eric Meijer (* 1969), nachdem es irgendwann mal wieder nicht geklappt hatte.

Er ist ein Mann, er ist gesund, er ist zuhause

zum Geleit – von Malte Roeper

Peter Brunnert ist Kletterer. Nun, das sind wir anderen, die wir seine Geschichten lesen, mehrheitlich auch. Und wir wissen oder nun ja, haben erfahren, dass Klettterersein ein, nun ja, Zustand ist, der das Leben des Betroffenen im Regelfall ziemlich, nun ja, beeinflusst?
Bei Peter ist der klinische Befund von „Klettterersein“ so ausgeprägt, dass er in seinen Geschichten wirklich nie von der Begeisterung über dieses Schicksal und über dieses ganze Thema loskommt. Es gibt Kletterer, die verbringen mehr Zeit und Ehrgeiz am Fels, im Training oder bei der Diskussion über Schwierigkeitsgrade als er. Eine so umfassende Beseeltheit und ein solches Glücksgefühl ob des Umstandes, Klettern zu kennen und zu können, habe ich noch nie erlebt. Und ich schreibe als ein durchaus massiv Betroffener, ich war, oh ja, ein schwerer Fall.
So beschäftigten mich die Gedanken, wie der ideale Seilpartner beschaffen sein müsste, lange eindeutig mehr als die Überlegungen über die Eigenschaften der für mich idealen Frau. Ob der Feststellung dieses Ungleichgewichts überkamen mich eine Zeit lang ernsthafte Zweifel, ob ich denn – kein Witz – vielleicht schwul wäre und es nur nicht gemerkt hätte.
Peters Klettterersein geht – und jetzt bitte keine billigen Lacher – noch tiefer. Wie sonst kann ein Mensch eine Geschichte schreiben, die sich um wenig anderes als einen Routennamen dreht, und noch dazu – oh mein Gott! – um folgenden: „Das Beinkleid des Kletterers entfacht die helle Musik des Waldes“ (!!!).
Die Begeisterung, die er aus dem Klettern zieht, überträgt er – und das ist Sympathische an seiner Schreibe – auf den ganzen großen Rest des Universums. Darum sind in seinen Geschich-

ten auch weniger Kletterstellen en detail beschrieben als die schönen Details seiner persönlichen Wahrnehmung. Da gibt es einen Exkurs über die Lautverschiebung im Hannoverschen Dialekt oder eine ausgiebige Würdigung der Website eines Kaffs namens Brunkensen.

Um Peters Klerrerersein zu begreifen und erfassen, bedarf es einer Klärung, was „sein" eigentlich bedeutet, und das „Etymologische Wörterbuch des Deutschen" von dtv bringt es an den Tag: „sein, als Verbum substantivum, dasein, existieren; als Verbindungswort mit einem Prädikativ: er ist ein Mann, er ist gesund, er ist zuhause." Kann man von einem Prädikativ mehr verlangen? „Er ist ein Mann, er ist gesund, er ist zuhause!" Ein Prädikativ wie eine deutsche Eiche. Weiter weiß das Wörterbuch zum Schlagwort „sein": „Partizipien und der Infinitiv sind Formen des stark flektierenden Verbs ahd. ‚wesan'"

Wir norddeutschen Kletterer, die wir unsere Felsen des Weserberglandes so innig lieben, haben es immer geahnt: „sein" und „existieren" hängen zusammen mit ‚wesan' vulgo Wesabergland (in Schweden übrigens Wasabergland). Und auch für Peter Brunnert gilt das großartige Prädikativ: er ist ein Mann, er ist gesund, er ist nur gottlob nicht immer zuhause. Immer noch und immer wieder ist er unterwegs, und dann schreibt er das Erlebte auf. Seine Geschichten nehmen uns nicht nur mit auf die Reise durch die Welt des Kletterns, sondern auch auf einen irren Trip durch die famos-verqueren Windungen im Gehirn eines Herrn, der im Hauptberuf bei einer Versicherung arbeitet.

P.S.: ein weiteres Detail aus dem Wörterbuch enthüllt die untrennbare Verbindung zwischen Leben und klettern: vor „sein" kommt „Seil".

Das wollte ich vorher eben noch sagen

Als mein erstes Buch „Wir müssen da hoch“ fertig war, war für mich klar, dass es so schnell kein zweites geben würde. Immerhin hatte ich über zwanzig Jahre gebraucht, um das alles, was da geschrieben stand, zu erleben. Außerdem waren ja die Geschichten meist irgendwo zwischen Missgeschick und Katastrophe einzuordnen, und ich verspürte daher wenig Lust, ein zweites Buch damit zu füllen. Denn es mag für euch, liebe Lesende, lustig sein, davon zu erfahren, wie sich jemand einen Nagel in den Hintern rammt oder mit fernsehergroßen Blöcken in der Hand aus der Wand fliegt. Für den, der das alles absolvieren muss, ist das nur bedingt witzig, und er lechzt nicht ohne weiteres nach einer Wiederholung solch perverser Abenteuer. Also: das Prinzip „Der deppenhafte Autor legt sich irgendwie auf die Fresse, und die im warmen Sessel Schmökernden lachen sich darüber scheckig“ konnte und sollte für ein Nachfolgewerk eigentlich nicht gelten.

Aber es kam anders. Zunächst einmal registrierten Autor und Verlag mit Überraschung und Genugtuung die nicht nachlassende Nachfrage nach dem Erstlingswerk, das es nun schon zu einer schwindelerregenden dritten Auflage gebracht hat, so dass der Wunsch nach einem zweiten Buch von verschiedenen Seiten doch mehr oder weniger deutlich an mich herangetragen wurde. Zum zweiten hielt das Schicksal auch in der Folgezeit die eine oder andere haarsträubende Episode für mich bereit, die sich nach dem oben erwähnten Prinzip trefflich verwerten ließ und meinen Leserinnen und Lesern erneut und wie gewohnt zum Erschaudern oder zumindest zur Schadenfreude gereichen sollte. Ernsthafterweise muss ich hier jedoch erwähnen, dass eine von diesen Episoden beinahe in einem posthum zu veröffentlichenden Werk von Dritten hätte geschrieben werden müssen, doch ich will nicht vorgreifen. Die Leserschaft findet also auch in „Wirklich oben bist du nie“ Selbsterlebtes, zum Teil noch ganz frisch, quasi noch in der Ambulanz geschrieben, darüber hinaus aber auch Geschichten aus großer, heroischer Zeit. Zum dritten ist das, was um uns herum beim Klettern so passiert und vor allem das, was wir in den Medien von unserm schönen Sport lesen und betrachten können, ja stellenweise derartig komisch, dass man eigentlich nur die Augen und Ohren offen halten muss, um Unterhaltsames zu Papier bringen zu können. Die in diesem Buch veröffentlichten "Bilder zum Schpocht" liefern dafür eindrucksvolle Beweise. Das habe ich in diesem Band versucht, an einigen Stellen heißt es also: Vorsicht Satire! Das geht mitunter auch nicht ohne (diesmal aber fremdes) Blutvergießen ab - falls sich also jemand in der einen oder anderen Geschichte wiedererkennen oder sich sogar durch mein despektierliches Geschreibsel verletzt oder beleidigt fühlen sollte, tut mir das Leid und ich bitte jetzt schon ausdrücklich dafür um Entschuldigung.

Natürlich gibt es auch hier viele Dankes zu verteilen: An Achim Pasold und Ronni Nordmann von Panico - für ihre Geduld und den Mut, ein zweites Buch mit einem Norddeutschen zu produzieren. An Jeannette und Hans Weninger - fürs allmontägliche Probehören und die dafür benötigten Schnellen. An Karsten Graf - fürs Korrekturlesen und dialektisch-idiomatische Hilfestellungen bei „Pfingsten heißt Zahlen“. An Thommi Langowski – fürs Ausgraben längst verloren geglaubter Sommer-Details. Und an Beata – ohne Deine Liebe, Deine Inspiration und Deine Hartnäckigkeit gäbe es dieses Buch nicht. Es ist Deins.

Narbengrätscher und nassgeheulte Daunenjacken

Bergsteigen ist ja wirklich eine feine Sache! Man ist viel an der frischen Luft, hat Bewegung, umgibt sich mit netten, naturverbundenen Menschen und bekommt Gelegenheit, sein Leben aufs Spiel zu setzen, wenn man gerade dazu Lust hat. Nun werden ewignörgelnde und besserwisserische Allesrichtigmacher natürlich prompt einwenden, das könne man schließlich auch beim Fußballspielen in der Kreisklasse haben, wenn man nur bereit wäre, hier und da ein paar Abstriche zu machen, z.B. was die Naturverbundenheit der kickenden Co-Sportler angeht. Ich bleibe jedoch dabei: Ich möchte keinesfalls mit einem Innenverteidiger vom TuS Amelgatzen tauschen, der von Glück sagen kann, wenn er beim Reingrätschen in gutem niedersächsischen Matsch dahingleitet und nicht von roter Dioxin-belasteter Asche gebremst wird, die ihm schlecht verheilende, hässliche Narben verursacht, etwa so wie die, die ich seit dem missglückten Reparaturversuch eines Hamelner Ärzteteams im Gesicht zu tragen das zweifelhafte Vergnügen habe. Nein, nein, ich bleibe dabei: Klettern ist besser, und ich kenne wenige Sportarten, bei denen Naturerlebnis, Kameradschaft, künstlerisches Bewegungsschaffen und eine Prise heroischer Selbstüberwindung derart vortrefflich vereint sind wie beim Klettern. Ok, vielleicht noch Synchronschwimmen, Frauengewichtheben oder Kunstrasen.

Ich möchte also, ich glaube ich habe es schon gesagt, nicht tauschen. Im Übrigen auch nicht mit denen, die durch ihre hohe Kletterkunst, ihr Aussehen oder ihre kaufmännischen Fähigkeiten dazu in die Lage versetzt wurden, ihr Leben als Profibergsteiger zu fristen. Konnte ich mich bis vor kurzem noch entspannt in der Gewissheit zurücklehnen, auf dieser Erde wandele nur ein Exemplar dieser Spezies, nämlich jener stark behaarte, sympathische südtiroler Schlossbesitzer, der uns von seinen Abenteuern so wunderschön zu berichten weiß, dass er sich auf unsere Kosten schon so manches Porsche-Auto kaufen konnte. Aber schaut man nur aufmerksam genug in die Gazetten oder das weltweite Netz, so wird man allenthalben strahlend lächelnder Helden gewahr, die auf ihren Helmen Aufkleber tragen, weil man ihnen dafür Geld gibt. Nun sind das beileibe nicht nur Aufkleber von Firmen, die ihr Nylon-Gurtzeug, ihre Sicherungsklötzchen und -ösen oder allerlei fußmordendes Schuhwerk unters dumpf konsumierende Volk zu bringen trachten, nein, wenn man genau hinschaut entdeckt man auch Werbung für andere beim Klettern nützliche Dinge, wie zum Beispiel energiespendende Traubenzuckertäfelchen, kakaohaltige Heißgetränke oder flügelverleihende Gummibärchenbrause. Ich bin gespannt, wann der erste Profilist mit einem Aufkleber der Deutschen Bank, einem C&A-Sticker oder dem Aufnäher eines Artikels der Damenhygiene („...für die schwächeren Tage...") in die Kamera grinst.

So machen jetzt schon beispielsweise die charismatischen Huberbuam Reklame für die Firma „Reiter Travel-Lunch Lightweightfood", die uns auf ihrer Internetseite unter dem Slogan „A good meal, wherever you go" auffordert Ihr neues „Travel-Lunch-Produkt, Kartoffel-Lauch-Topf mit Schinken' (Art.-Nr. 50157)" zu testen. Ob die Firma tatsächlich an den frustrierenden Testerfahrungen der bedauernswerten Kreaturen, die sich ihr bei Frostgraden dehydriertes Trockenzeug runtergewürgt haben, interessiert ist, wage ich zu bezweifeln. Welche werbewirksame

Verbindung sich hingegen der Huber-Sponsor „Rosenberger“ als Hersteller von Miniatur-Koaxialsteckverbindern zwischen ihren Produkten und der Huberturnerei verspricht, wird vermutlich immer ihr Geheimnis bleiben.

Stefan Glowacz, dem es nun schon seit über einem Jahrzehnt vergönnt ist, aus einem Vizeweltmeistertitel und einer Hippie-Frisur Kapital zu schlagen, wirbt neben dem schon erwähnten österreichischen Flügelverleih unter anderem für Fahrräder der Marke „Cube“, die auf ihrer Website mit dem ketzerischen Slogan „The World is a Cube“ wirbt. Ha, Herr Aristoteles, ratsch patsch, das war's, von wegen Kugel, eckig ist sie! Und bei den Expeditionen aufgepasst, Jungs, da geht's am Ende plötzlich steil runter! Außerdem findet man auf der Seite des Vizeweltmeisters auch Werbung für die auf ihre tatsächliche Umweltverträglichkeit noch nicht abschließend getesteten Fahrzeuge der Firma „Land Rover“. Bike oder Jeep, offensichtlich hat sich der Garmischer noch nicht endgültig auf eine post-alpinistische Fortbewegungsart festlegen mögen. Überhaupt: Wie sich pensionierte Profibergsteiger fortbewegen, wenn sie die Regelaltersgrenze erreicht haben – ist das eigentlich jemals untersucht worden? Ich weiß es nicht. Peter Habeler jedenfalls, der, der früher mit unserem stark behaarten Südtiroler..., man erinnert sich, will als erster Mensch mit seinem MG-Roadster „Hannibal“ in zehn Tagen 101 Bergpässe mit insgesamt 200.000 Höhenmetern überqueren. Donnerwetter! Wie es scheint, hat sich Herr Habeler festgelegt, schließlich ist er auch Jahrgang 1942, mithin also in einem Alter, in dem ehemalige Postbeamte schon seit sieben Jahren Tauben züchten. Von anderen Ex-Profis hört man jedoch im Alter eher weniger. Sicher ist nur, dass sie während ihrer aktiven Dienstzeit immerfort klettern und expedieren müssen, man nötigt sie, sich auf irgendwelche kreuzgefährlichen Solobegehungen einzulassen, und, was wohl das schlimmste ist, immer ist irgendein eilfertiger Fotograf dabei, der die Heldentaten oder gegebenenfalls auch den fatalen Griffausbruch für die Nachwelt verpixelt, so dass uns die ewig gleichen Posen aus den ewig gleichen Perspektiven an den ewig gleichen Bergen von ganzen Kalendergenerationen, Internetseiten und Kletterzeitschriften aus anpöbeln.

Apropos anpöbeln: Während meiner Kindheit war ich ein leidenschaftlicher Autogrammjäger. Ich hatte zum Beispiel die komplette Meistermannschaft des 1. FC Nürnberg von 1968 (Wabra, Brungs, Cebinac, Ferschl, Leupold, Heinz Müller, Ludwig Müller, Popp, Strehl, Volkert und Starek) gesammelt, und zwar anlässlich eines Freundschaftsspiels gegen den FC Vomp (Tirol) im Sommer 1968. Ganz besonders stolz bin ich im Übrigen auch auf ein handsigniertes Exemplar von Max Goldts „Ä". Das Buch heißt, für die, die es interessiert, deshalb „Ä", weil darin eine Geschichte vorkommt, die den Titel „Ä" trägt und von Maxens Vorliebe für diesen Buchstaben zeugt, namentlich im Zusammenhang mit diversen Marienfeiertagen. Bei aller Begeisterung für die Sammelei von unleserlich gekritzelten Namenszügen vermeintlich prominenter Balltreter und Titanic-Kolumnisten – ich wäre niemals auf die Idee gekommen, Autogramme von berühmten Kletterern zu sammeln. Obwohl ich hier mal ganz unbescheiden mit der Tatsache prahlen möchte, dass ich durchaus schon dem einen oder der anderen begegnet bin und auch zum jeweiligen Zeitpunkt ein Kugelschreiber vermutlich leichter zu organisieren gewesen wäre als ein Miniatur-Koaxialsteckverbinder der Firma Rosenberger. Nein, ich bin niemals auf die Idee gekommen, mir den Namenszug einer dieser Größen auf die entblößte Brust, ein hingehaltenes T-Shirt oder meinen Helm kalligraphieren zu lassen.

Man mag sich folglich auch ohne große Anstrengung mein Befremden ausmalen, mit dem ich von einem Preisausschreiben in der Zeitschrift „4-Seasons“ erfuhr. „4-Seasons“ soll wohl übersetzt soviel wie „Vier-Jahreszeiten“ bedeuten. Aber was um alles in der Welt haben sich die Macher dieser Gazette bei dem Bindestrich gedacht? Man vergleiche: „Vier-Jahreszeiten“, „Heilige Drei-Könige“, „Der Wolf und die Sieben-Geißlein“. Ok, aber ich bin ohnehin als pedantischer Sprachnörgler verschrien und will hier auch nicht gleich böse werden. In der Ausgabe 9/2004 (komischerweise nicht 9-2004!) lesen wir viel Interessantes, was uns das Leben in der Natur erleichtert oder schöner macht, zum Beispiel: „Anika und Justus Piontek sind fünf und zwei Jahre alt und radelten mit ihren Eltern zehn Monate durch Südostasien“. Hoffentlich mit Helm und vier Meter hohem Wimpel am Gepäckträger. Oder: „Acht Globetrotter der allerersten Stunde auf Zeitreise durch 25 Jahre Expansion und Expedition“. 25 Jahre Expansion. Was meinen die? Etwa einen callmundschen Zustand, der nach 25 Jahren ununterbrochener hemmungsloser Völlerei erreicht wird? Wirklich interessant wird das Heft jedoch erst bei seinem umfangreichen Preisrätsel-Teil: Wenn man die Frage: „Was machte Alex Huber neulich am Wilden Kaiser?“ richtig beantwortete, konnte man von Alex Huber getragene Kleidungsstücke gewinnen. Im Einzelnen eine Daunenjacke (mit Original-Duct-Tape-Flicken), eine Windstopper-Jacke, eine Fleeceweste und einen gelben Kunstfaserblouson. Alle diese Kleidungsstücke wiesen angeblich „authentische Gebrauchsspuren seiner letzten Expeditionen“ auf, wie man den Preisrätsellösern versicherte.

Ich gestehe, dass das alles weder leicht zu verstehen, noch, einmal verstanden, leicht zu verdauen ist. Deshalb möchte ich dieses alpinmarketingtechnische Monstrum in zwei leichter verdauliche Brocken zerlegen. Zunächst einmal interessiert uns alle natürlich die Frage „Was machte Alex Huber neulich am Wilden Kaiser?“ Die Vermutung liegt nahe, dass er dort das tat, was er meistens tut, wenn zufällig gerade niemand zuschaut: Mutterseelenallein irgendeine sackschwere Wand hinaufsteigen, hinterher den Fotografen anrufen und sich für die Nachwelt pixelieren lassen. Aber das, meine Lieben, ist ganz, ganz falsch. Alex Huber wäre nicht Alex Huber, wenn er nicht auch im Wilden Kaiser die Entwicklung des Alpinismus mit atemberaubender Vehemenz voranzutreiben trachtete. Wir konnten es allenthalben lesen, ich zitiere: „Am Sonntag den 18. Juli machten sich ein paar mutige Gefährten auf den Weg zu einem neuen Abenteuer. Die Aufgabe war, zwischen zwei Gipfeln am Wilden Kaiser, eine 2,8 cm dünne und 17 Meter lange Schlinge, 2300 Meter über der Meeresoberfläche, zu überqueren. Einige versuchten sich daran, jedoch gelang es nur Alexander Huber und Korbi Kreilinger die Highline zu bezwingen.“ Alex und Korbi seien gepriesen: 2300 Meter über der Meeresoberfläche siebzehn zwei komma acht Zentimeter dünne Meter zu bezwingen – eine große Tat. Zumal, wenn man bedenkt, dass die Meeresoberfläche vom Wilden Kaiser immerhin 220 Kilometer Luftlinie entfernt ist.

Zum zweiten: Mal abgesehen davon, dass ich es schon reichlich pervers finde, wenn irgendjemand seine gebrauchten Schlüpfer im Internet anbietet, wie habe ich mir denn die „Gebrauchsspuren“ an den von Alex getragenen Joppen vorzustellen? Ok, die Weste, die er am El Cap trug wird zerrissen sein und nach

Schweiß stinken. Aber die Daunenjacke, die unser „mutiger Gefährte“ auf seiner langen, sehr, sehr einsamen Karakorum-Expedition getragen hat? Was mag mit der so alles geschehen sein? Und was immer ich mir auch vorstelle: Was sollte mich danach noch dazu bewegen, die Frage „Was machte Alex Huber neulich am Wilden Kaiser?“ richtig zu beantworten und mich somit der Gefahr auszusetzen, in den Besitz eines dieser gebrauchsgespurten Kleidungsstücke zu gelangen. Ich sage es, wie es ist: Nichts, nichts und wieder nichts.

Nein, nein, ich bleibe dabei: ich beneide weder die einen noch die anderen. Weder die aschevergrindeten Narbengrätscher aus der Kreisklasse, noch unsere stickerübersäten „mutigen Gefährten“, die im Karakorum ihre Daunenjacken nassheulen. Und wiederhole meine eingangs gemachte Behauptung: Bergsteigen ist wirkliche eine feine Sache. Vorausgesetzt, man bekommt kein Geld dafür, muss keine frostgetrockneten Kartoffel-Lauch-Töpfe mit Schinken essen und muss nicht wie ich zweimal im Jahr am Kopf zusammengenäht werden.

DAS BILD ZUM SCHPOCHT
NR. 1

Mich beeindruckt die Naivität unserer beiden Boulderfreunde, die wohl tatsächlich glauben, den Aufprall eines Nahverkehrszuges so besser abfangen zu können.

DAS BILD ZUM SCHPOCHT NR. 2

Eine Fastfood-Kette als Hauptsponsor des Bouldercups?
Es war nur eine Frage der Zeit, bis es in Iserlohn dann zu diesem Zwischenfall kam, der die Beteiligten zum Umdenken zwang.

Zweimal bluten

„Wie heißen Sie?" Die Pressedame hatte ihren Schreibblock gezückt und lächelte mich freundlich an.
„Peter Brunnert."
„Und wie alt sind sie?"
„47."
„Und sie wohnen in …"
„...Hameln", antwortete ich und wischte mir das Blut aus dem Gesicht, das unter dem provisorischen Kopfverband hervortropfte.
„Ha – meln", notierte sie nickend. „Und dann brauche ich noch einen Satz zum Klettern von ihnen, etwas Griffiges!"
Ohne zu überlegen sagte ich: „Klettern ist das geilste, was es gibt!"

Axel, der gerade dabei war, seine Rucksackapotheke wieder zu verstauen, grinste über beide Backen, Malte lächelte verschmitzt. Es war aber auch alles wirklich zu komisch und mein Anblick stand in offensichtlichem Widerspruch zu meiner eben getätigten Aussage. Ich saß mit blutüberströmtem Gesicht und ebensolchem T-Shirt am Fuße des Haderturms im südlichen Ith und mein Schädel brummte wie ein zweistelliger Wirtschaftsaufschwung. Aber was in aller Welt war da nun genau geschehen?

Eigentlich war Malte an allem schuld gewesen: Denn er wollte unbedingt nach Lüerdissen, ich eigentlich nach Holzen, er wollte an der Südwand nicht umlenken, sondern war, um in den Genuss der wunderbaren September-Abendsonne zu kommen, auf den Gipfel des Haderturms ausgestiegen. Und er hatte natürlich seinen Achter vergessen. Als ich ihm mein Abseilgerät reichen wollte, war ein Ast des Haderturm-Gipfelbaumes auf dem ich mein zartes Gewicht abgestützt hatte, abgebrochen, ich war mit dem Gesicht auf den Stumpf geschlagen und dieser hatte mir ein nettes Stückchen aus meiner Denkerstirn herausgestanzt. Axel und seine Kumpels waren gerade mit der Pressefrau zu einem Fotoshooting in den südlichen Ith gefahren und zufällig Zeuge meines Missgeschicks geworden, was die Pressedame offenbar dazu animiert hatte, ihren sicherlich bis dahin todlangweiligen Bericht über das Klettern in norddeutschen Mittelgebirgen mit etwas blutigem reality-touch aufzumöbeln.

Auf dem Weg zur Ambulanz setzte ich mit dem Handy rasch noch die Horrormeldung an Freunde und nahe Verwandte ab, deren Überraschung und Mitgefühl mittlerweile aber ob der in letzter Zeit erschreckenden Häufung von Hiobsbotschaften einer fast abgestumpft zu nennenden Gleichgültigkeit gewichen war. Die Klinik im heimatlichen Hameln, in die man mich einlieferte hatte einen Namen wie eine Vorabendserie: Das Krankenhaus an der Weser. In der dortigen Ambulanz gab es für uns eine schlechte und eine ganz schlechte Nachricht: Die schlechte: Wir waren nicht allein, allerlei anderes Patientenvolk hatte sich an diesem Abend mit diversen Blessuren und Handicaps eingefunden und harrte der Behandlung durch das Klinikpersonal, das sich jedoch vor neugierigen Blicken oder Fragen hinter einer soliden Tür verbarg, die nur geöffnet wurde, nachdem man einen Klingelknopf gedrückt hatte, auf dem „Bitte klingeln“ stand und eine Weile angemessenen Wartens verstrichen war. Die ganz schlechte: In einer Zimmerecke war unter der Decke ein riesiger Farbfernseher angebracht, in dem die „Hitparade der Volksmusik“ lief, und zwar ohne Ton, was bei weitem bizarrer ist, als wenn man das Gedudel hört. Malte ergriff sofort die Initiative und klingelte an der Tür. Auf die Frage, was ihm fehle, antwortete er, im Ersten gebe es Fußball, Deutschland gegen Brasilien, das würde er gerne sehen aber bitte mit Ton, wenn es keine zu großen Umstände mache, aber er wolle keineswegs zur Last fallen. Man erfüllte ihm diesen Wunsch umgehend und ich nutzte die Gelegenheit, da die Tür nun schon einmal geöffnet war, mich der diensthabenden Schwester vorzustellen. Die Antwort auf ihre Frage, was ich „denn gemacht“ hätte, verwirrte sie offenbar, ich musste die Geschichte zweimal erzählen, bevor sie zufrieden war. Ohne mich weiter zu untersuchen oder mich wenigstens nach meinem Befinden zu fragen wurde ich in die Warteschleife zurückversetzt und durfte Fußball gucken. Während ich auf einem der klebrigen Kunstledersessel im Warteraum Platz nahm überlegte ich noch kurz, dass, wenn ich Casting-Director einer Vorabendserie wäre, die in einem niedersächsischen Fluss-Krankenhaus spielte und jene sich als Krankenschwester-Darstellerin bewürbe, ich sie durchrauschen ließe, keine Frage.

Das Länderspiel in Berlin hatte gerade begonnen. Wir wurden Zeuge des 1:0 durch Ronaldinho in der 9. Minute, der mit einem Weltklassefreistoß Oliver Kahn zur Regungslosigkeit verdammte und von Kuranyis Ausgleich nur acht Minuten später. Während der Halbzeitanalyse durch den wie immer jovial schwafelnden Kaiser („Ja guuuut, der Oliver Kaaaahn, äähh, der ist momentaaaan, äähh, der beste Torwart der Welt! Er weiß das auch ...“) stand mein Nachbar plötzlich ruckartig auf. Ein zwei Meter großer Geselle in einer dreckigen braunen Latzhose, der einen gewaltigen Verband am Unterarm trug. Ich hatte mich schon die ganze Zeit gefragt, ob er sich wohl mit einer Kreissäge geschnitten oder vielleicht doch eher in eine Müllpresse geraten war. Wie auch immer: Er sagte, er habe jetzt keine Lust mehr zu warten, er fühle sich im Übrigen auch schon viel besser und ginge jetzt nach Hause. Falls er dann doch noch irgendwann aufgerufen würde, solle man dem Personal sagen, er sei wieder gesund. Ich war beeindruckt und hoffte insgeheim, dass die heilenden Kräfte dieses Warteraumes auch auf mich wirken würden, doch dem war offenbar nicht so, denn ich war mittlerweile von einem pochenden Kopfschmerz befallen, der auch durch die durchaus ansehnlichen Bemühungen der kickenden Adlerträger nicht besser werden wollte.

Zu Beginn der Nachspielzeit wurde ich dann schließlich doch in den Not-OP gebeten, man wickelte mir den inzwischen reichlich durchgeweichten Verband von der Stirn, ich hörte mit Besorgnis irgendetwas wie „... oh, oh, oh..." und durfte dem diensthabenden Arzt abermals den Hergang des Unfalls schildern, auch er brauchte zwei Versuche, bevor er ein Bild hatte. Die Wunde wurde versorgt, angeblich mit einem neuzeitlichen Hautkleber und einem hässlichen Klammerverband, man wünschte mir gute Besserung und entließ mich nach Hause. Dass es sich bei dem eben geschilderten Reparaturversuch offenbar nicht um die sublime Krönung chirurgischer Wundversorgungskunst gehandelt haben mag, kann jedermann leicht erkennen, der mir gegenübertritt und mir ins Gesicht schaut. Die Narbe verleiht mir auch heute noch etwas von einem Verbindungsstudenten, der soeben seine erste Mensur geschlagen hat. Nach Aussage des Arztes meines Vertrauens soll das frankensteinhafte dann doch noch irgendwann nachlassen.
Ich bin schon ganz gespannt.

Apropos Narbe: Sie ist nicht die einzige, die ich mir in diesem Jahr zugezogen habe, aber sie ist auch am Kopf und die Sorge der Freunde ob meiner vielen Stürze auf den Schädel ist tatsächlich im Wachsen begriffen. Die erste Narbe aus dem März ist allerdings am oberen Hinterkopf, unter inzwischen nachgewachsenen Haaren verborgen und somit nicht den fragenden Blicken sich an fremdem Leid weidender Neugierlinge ausgesetzt. Ihre Entstehungsgeschichte ist jedoch ebenfalls bemerkenswert, weshalb ich auch sie der Leserschaft nicht vorenthalten möchte.

Es war der erste richtig schöne Klettertag des Jahres. Wir rannten in absoluter Hochstimmung durch den Wald von Fels zu Fels und besprangen ihn wie junge Ochsen ihre hörnertragenden Gespielinnen auf einer Frühlingswiese. Ein großer Tross mit Kind und Kegel hüpfte lachend und blödelnd durch den Wald. Die Sonne schien. Wir waren jung und stark. Hans hatte mir immer schon eine seiner Cleanrouten an der Wilhelm-Raabe-Klippe zeigen wollen, die er ob ihrer Schönheit, Länge, Logik und Geradlinigkeit nicht aufhören wollte zu preisen. Nun muss ich dazu sagen, dass ich an sich die besagte Wilhelm-Raabe-Klippe meide wie BVB-Fans diesen einen unaussprechlichen Vorort von Gelsenkirchen. Nicht, dass ich etwas gegen den sympathischen, im nahen Eschershausen geborenen Dichter habe, nein. Aber die nach ihm benannte Klippe stinkt, ist speckig, schrofig, brüchig, doof und wird flächendeckend entweder von abseilenden Kletterkurshorden oder lärmenden Helmträgern aus unserem kleinen, ob seines Tulpen- und Käsereichtums vielgerühmten westlichen Nachbarland belagert. Nichts für mich. Doch Hans hatte nicht lockergelassen und heute war die Stimmung so gut, dass ich mich breitschlagen ließ und wohlgemut einstieg.

Obwohl das Gelände wie mir schien läppisch leicht war, versenkte ich auf Hans' Rat hin in ungefähr fünf Meter Höhe einen zweiten soliden Keil und kletterte leicht linkshaltend zu einem großen Griffloch. In dem Moment, als ich beide Füße unter das mit links gehaltene Loch gebracht hatte, brach der Rand des Griffes aus und die Schwerkraft begann ihren Job zu machen. Ich kippte nach hinten weg und wurde durch die Luft gewirbelt. „So ist das also, wenn man unkontrolliert stürzt", dachte ich noch und wartete mit wachsender Ungeduld darauf, dass das Seil meinen Sturz abfangen möge. Unterwegs knallte ich noch mit der rechten Schulter auf einen kleinen Absatz, wurde abermals gedreht und stürzte in waagerechter Rücklage weiter. Ungefähr einen halben Meter über dem Fußboden traf mich der Fangstoß, und Hans, der mich sicherte, wurde vom Seil das Fleisch aus der Daumenbeuge gefräst. Der Keil hatte offenbar gehalten, der Kopf aber folgte gehorsam dem Gesetz der Massenträgheit, rauschte weiter und schlug auf einem kleinen Block auf, dem die Vorsehung dankenswerterweise eine abgerundete Oberseite beschert hatte. Es wäre wirklich gelogen und von einer der Wahrheitsfindung nicht dienlichen Unangemessenheit, die Intensität des Aufpralls meines Schädels auf dem Block mit etwas Sanftem oder Behutsamen zu vergleichen. Er sorgte jedenfalls dafür, dass die Schädelschwarte großflächig und sternförmig aufplatzte und sich in dem Krater rasch ein ansehnlicher See frischen Blutes bildete. Schon nach wenigen Sekunden war dieser randvoll und das überschüssige Blut ergoss sich über mein Gesicht und tropfte auf meine frischgewaschene Hose, was mich sehr ärgerte, da es zwar nicht die beste, aber die einzige Kletterhose war, die ich besaß. Reflexhaft zog ich die Schuhe aus und musste erstaunt feststellen, dass beide großen Zehennägel umgeklappt waren, wobei ich auch heute noch nicht weiß, wie das passieren konnte. Man lehnte mich mit dem Rücken an die Wand, legte mir rasch einen provisorischen Verband an und erkundigte sich besorgt nach meinem Bewusstseinszustand, offensichtlich befürchtete man Schlimmeres. Jeannette stopfte mir Kügelchen in den Mund und mahnte, sie unter der Zunge zergehen zu lassen, was ich auch gehorsam tat. Rasch war via Handy der Notarzt verständigt und während man, offenbar meine unmittelbar bevorstehende Ohnmacht erwartend, überlegte, wie man mich zum Zeltplatz tragen sollte, beschloss ich aufzustehen, und den Weg dorthin wie ein Mann, also aufrecht, zurückzulegen. Das war einigen meiner Kameraden offenbar nicht geheuer, denn während ich ging, wurde ich alle fünf Schritte gefragt, wie ich mich fühlte, wie meine Handynummer sei, der Geburtsname meiner Mutter interessierte die mich Begleitenden ebenso wie die Lösung einfacher mathematischer Aufgaben. Auf dem Kammweg kamen uns dann zwei keuchende Rettungssanitäter entgegen, denen wir aber bedeuteten, sie hätten die schwere Trage umsonst über den holprigen Pfad geschleppt, der Patient zöge es vor zu laufen.

Am Parkplatz angekommen stellten wir fest, dass ein massiertes Aufgebot an Rettungskräften bereitstand, sich um den Fortbestand meines Lebens, das offenbar an einem seidenen Faden hing, zu bemühen. Insgesamt waren dies der komplette Löschzug der Freiwilligen Feuerwehr Eschershausen, zwei Polizeifahrzeuge, ein Notarztfahrzeug und ein Rettungswagen, der bereits von einem Feuerwehrauto aus dem Schlamm gezogen worden war, nachdem er versuchte hatte, den Kammweg an einer untauglichen Stelle zu befahren. Ich wurde in den Rettungswagen verbracht und gelangte in die Obhut der Notärztin, mit der wir an diesem Nachmittag noch viel Spaß haben sollten. Ihr

Name sei für diese Geschichte Uljana. Uljana tat, was sie gelernt hatte und schloss mich an allerlei Apparate und Maschinen an, plötzlich hingen überall Schläuche und Kabel an mir, um mich herum piepste, blinkte und oszillierte es wie in einer Fernseh-Reparaturwerkstatt. Während Uljana die von den Maschinen gelieferten Daten ablesend meine Überlebenschancen abcheckte, betrat ein freundlicher Polizist den Rettungswagen, stellte sich mit dem Zeigefinger an den Mützenschirm tippend vor und befragte mich nach dem Unfallhergang, den ich ihm bereitwillig schilderte. Er nickte zufrieden, da sich offenbar meine Aussagen mit denen der Zeugen außerhalb des Rettungswagens deckten und er nicht in Ermittlungen wegen fahrlässiger Köperverletzung oder gar versuchten Mordes eintreten musste. Er schien erleichtert und wünschte mir gute Besserung.

Stück Felsen brach: Kletterer stürzte ab

Unglück an Ithklippen endete glimpflich

Holzen/Ith (ste). Ein Kletterunfall an den Ithklippen ist am Mittwoch glimpflich ausgegangen. Ein 46-jähriger Klettersportler aus Hameln war gegen 16 Uhr am Felsen 15, der so genannten Wilhelm-Raabe-Klippe, aus noch ungeklärter Ursache mehrere Meter tief abgestürzt und leicht verletzt worden.

Der Unfall passierte, als dem 46-Jährigen ein Stück Felsen in der Hand abbrach. Anschließend stürzte er mehrere Meter ab, bis ihn das Sicherungsseil auffing. Der Mann zog sich eine leichte Kopfverletzung zu, war jedoch ansprechbar und konnte gehen. Zur weiteren Behandlung wurde er in das Stadtoldendorfer Krankenhaus „Charlottenstift" gebracht.

Nicht ganz leicht hatten es die Rettungskräfte. Auf dem aufgeweichten Untergrund hatte sich der Rettungswagen festgefahren und musste von der Feuerwehr mit dem LF 8 aus dem Matsch gezogen werden.

Kurze Zeit später setzte sich das Fahrzeug, an dessen Decke ich festgeschnallt und verkabelt starrte, in Bewegung. Ich fragte, wohin wir denn führen, und Uljana bedeutete mir, dass das Charlottenstift in Stadtoldendorf sich schon auf meine Ankunft und eine allfällige Notoperation vorbereite. Es wurde mir frischer Sauerstoff in die Nase geblasen, so dass ich klar denken konnte und so fiel mir die Geschichte mit dem Nagel in meinem Hinterteil wieder ein, deren Happy-End ja ebenfalls in diesem Krankenhaus gespielt hatte. Ich erzählte sie und wir hatten Spaß.

Im Krankenhaus angekommen wurden zunächst Röntgenaufnahmen gemacht, um den Grad meiner inneren Zerstörung beurteilen zu können. Insgesamt siebzehn Aufnahmen von diversen Körperteilen und aus unterschiedlichen Winkeln ergaben jedoch, dass meine Knochen den Satz offenbar unbeschadet überstanden hatten.

Was folgte, war das Nähen der Wunde. Uljana rasierte mich vorsichtig an der betroffenen Stelle und versuchte dabei sogar, meine auf ein erträgliches ästhetisches Endergebnis abzielenden Sonderwünsche zu berücksichtigen. Alsdann gab sie mir acht Spritzen in die Schädeldecke, „Lokale Betäubung“, wie sie es nannte. Mag sein, dass diese etwas unterdosiert war, jedenfalls schmerzte jeder einzelne der neunzehn Stiche, mit denen die Wunde genäht wurde, exakt so unangenehm wie die acht Spritzen, die das eigentlich hätten verhindern sollen. Trotzdem unterhielten wir uns nett, ich durfte ausnahmsweise Jeannettes Hand halten, sie bat mich sogar, fest zuzudrücken, was will man mehr. Und auch Uljana hatte schon schlimmere Nachmittage im Charlottenstift zu überstehen gehabt, wie uns schien.

Ich wurde auf eigenen Wunsch und gegen ausdrücklichen ärztlichen Rat nach Hause entlassen. Ich durfte bei Hans und Jeannette bleiben und wir holten Essen vom Chinesen, das sehr lecker schmeckte.

Als ich neulich mal wieder an der Wilhelm-Raabe-Klippe vorbeiging, war dort viel Betrieb. Ich wollte mir meine Aufschlagstelle noch einmal anschauen und suchte den Bereich am Einstieg ab. Da wurde ich fast akzentfrei von einem freundlichen Kletterer mit weißem Helm angesprochen. Er fragte mich, ob ich dort etwas verloren hätte und er mir bei Suchen helfen könne. „Nein, nein“, antwortete ich rasch. „Ich glaube ich bin an diesem Felsen noch nie geklettert.“

DAS BILD ZUM SCHPOCHT NR. 3

Da saß er nun auf dem El-Cap-Tower und nun fiel ihm diese gottverdammte Nummer nicht ein. Und das ausgerechnet an ihrem 30. Geburtstag. Das würde er sich nie verzeihen

DAS BILD ZUM SCHPOCHT
NR. 4

Ich weiß nicht, was mich mehr abstößt: Diese so anbiedernd deutlich zur Schau gestellte Mittellosigkeit unseres Sportsfreundes oder sein scheinbar ehrliches Interesse an diesem ekligen Stück Fels.

Birkenkreuze, Poffertjes, Senfgranaten

Einige Tage nach meinem Sturz an der Wilhelm Raabe-Klippe begann am 1.4.2004 im Internetforum von kletternimnorden.de ein bemerkenswerter Thread. Ich gebe ihn hier in leicht gekürzter und - im Hinblick auf die soziale Integrität der sich zum Teil hinter Pseudonymen verbergenden Autoren - leicht korrigierter Fassung wieder. Einleitend sei der große Volker Pispers zitiert: „Holländer-Witze – sehen sie, das ist offenbar erlaubter Rassismus.“

Thread: Wilhelm-Raabe Klippe in Erdspalte versunken!

HansG (01.04.2004, 10:09)
Weser Leine Zeitung meldet: Gegen 00.05 Uhr am 01.04.2004 bemerkte eine lokale PfadfinderInnengruppe ein grelles Licht nahe der Wilhelm-Raabe Klippe! Auf dem Gipfelkopf tanzte ein bärtiges Männchen und sang dazu: „Ach wie gut, dass niemand weiß, dass ich Wilhelm Raabe heiß‘!“ Der Anführer der PfadfinderInnen rief: „Hey, guckt mal, das ist der Wilhelm Raabe!“ Darauf tat sich unter mächtigem Krach eine riesige Erdspalte auf und die gesamte WRK verschwand unter dem Staunen der Anwesenden. Verletzt wurde niemand, die Schutzzonen blieben erhalten, die IG Wegebau ist alarmiert....

pb. (01.04.2004, 11:35)
Was dann geschah:
Hameln, 2.4.2004: Peter B. verkauft seinen Helm.
Den Haag, 6.4.2004: Der Vorstand der „Nederlandse Klim- en

Bergsport Vereniging" beschließt auf einer außerordentlichen Mitgliederversammlung die Selbstauflösung des Vereins.
Eschershausen, 8.4.2004: Ein amerikanischer Panzer reißt unter dem Jubel der herbeigeeilten Bevölkerung das Wilhelm-Raabe-Denkmal vom Sockel.
Stadtoldendorf, 16.04.2004: Das Krankenhaus „Charlottenstift" stellt beim Amtsgericht Insolvenzantrag.
Eschershausen, 19.04.2004: Umbenennung der „Wilhelm-Raabe-Straße" in „Präsident-Fischer-Allee".
Ith, 24.04.2004: Der Bereich zwischen Pilzfelsen und Breiter Wand wird glattgeharkt und mit Efeu begrünt. Betreten verboten.

HansG (02.04.2004, 11:18)
Ith, 25.04.2004: Das internationale Wilhelm-Raabe-Gemeinschaftswerk errichtet zwischen Pilzfelsen und Breiter Wand in einer Feierstunde eine Gedenktafel.

HansG (02.04.2004, 11:20)
Ith, 26.04.2004: Die Gedenktafel wurde in einem Anfall von purem Vandalismus vollständig zerstört.

pb. (02.04.2004, 13:01)
Hameln, 27.04.2004: Bei der Durchsuchung einer Wohnung in der Innenstadt werden ein Vorschlaghammer und eine Akku-Flex sichergestellt. Die Spurensicherung findet zudem noch Plexiglassplitter, die mit denen am Tatort übereinstimmen. Der Festgenommene: „Ich würde es immer wieder tun!"

HansG (02.04.2004, 13:23)
Ith, 28.04.2004: Amerikanische Truppen landen auf dem Ith

Campingplatz und bilden eine Übergangsregierung. Präsident Fischer flüchtet ins Exil nach Holzen. Großfahndung nach dem Oppositionellen Peter Bin Weg, der sich über Satellitenfernsehen meldet: „Trotzdem würde ich es immer, immer wieder tun!!"

HansG (05.04.2004, 09:00)
Ith., 04.05 bis ??: Guerillagruppen der zersplitterten Nederlandse Klim en Bergsport Vereniging besetzen die Efeuzone zwischen Pilzfelsen und Breite Wand. Die autonome Republik Wilhelm-"Che"-Raabe wird ausgerufen. Kein Eingreifen der Marines, da diese mit Hollandfahrrädern bestochen wurden und bei Probefahrten die Orientierung verloren haben. Erste Anlieferung von Ytong-Blöcken zum Wiederaufbau der Wilhelm-Raabe-Klippe !

Astgabel (05.04.2004, 09:41)
Holzen/Ith, 05.05.2004: Soeben hat uns eine Meldung erreicht, in der die von der Nederlandse Klim en Bergsport Vereniging geplante Wiedererrichtung der Wilhelm-Raabe-Klippe aus Ytong (wir berichteten) verworfen und stattdessen der Matterhorngipfel mit Außen- und Innenkletterbereich (!) nachgebaut werden soll.
Die Holländer haben den gleichen Nachbau bereits bei Rotterdam erfolgreich im Einsatz (http://rib1.freehomepage.com/onderderook...rg/klimberg.htm) und versprechen sich auf diese Weise regelmäßige von Wetter und Jahreszeit unabhängige Ith-Wochenenden. Die obere Hälfte des WRK-Areals soll zudem für Busparkplätze genutzt werden.

HansG (05.04.2004, 10:08)
Eschershausen, 06.05.04: Einweihungsfeier der Wilhelm-Raabe-

Seilbahn, die bis zu 50 Personen von Eschershausen auf den Gipfel des holländischen Matterhorns am Pilzfelsen transportieren kann. Einziger Zwischenfall - eine Tomahawk Rakete verfehlt knapp die Seilbahn auf ihrer ersten Fahrt, zerstört jedoch die neuangelegten Tulpengewächshäuser auf dem Ith Campingplatz. Zu dem Anschlag bekannte sich der noch flüchtige Peter Bin Weg der Untergrundbewegung „Ich würde es immer wieder tun"...

astgabel (05.04.2004, 10:37)
Holzen/Ith, 07.05.2004: Nachdem die Aufräumarbeiten an der Bergstation der Wilhelm-Raabe-Seilbahn abgeschlossen wurden, hat die Nederlandse Klim en Bergsport Vereniging ein Joint-Venture mit der Hotelkette ‚Holiday-Inn' bekanntgegeben. Als Pilotprojekt wird ein neues Ith-Hotel entstehen. Die Grundsteinlegung des neuen „Tau-Inn" wird in Kürze erfolgen.

HansG (05.04.2004, 14:15)
Ith, 08.05.04: Nach überraschend einvernehmlichen Lösungen zwischen Naturschutzverbänden und der Hotelkette „Holiday Inn" beginnen erste Aushubarbeiten, damit alle Felsen mit Grachten verbunden werden können. Bald können die Einstiege vom „Tau-Inn" mit der „Wilhelm-Raabe-Waterfietsen-Reederei" erreicht werden. Die Pommesbude vor dem ehemaligen Ith-Hotel wird umbenannt in „Frau Antje`s Poffertjes"

HansG (05.04.2004, 14:33)
Holzen/Rotesteinhöhle, 09.05.04:
Aus dem Exil gibt Präsident Fischer die Umbenennung der „IG-Wegebau" in „IG Brückenbau" bekannt.
Termine folgen.

astgabel (06.04.2004, 06:51)
10.05.04, Holzen/Ith: Schwere Unruhen am sonst so friedlichen Höhenzug. Nach dem bekanntgewordenen Schulterschluss von Exilpräsident Fischer mit dem gesuchten Peter Bin Weg wurden amerikanische Delta-Einheiten mit der Klärung des weitläufigen Geländes beauftragt. Die beiden sollen sich in das Rotesteinhöhlen-Labyrinth zurückgezogen haben, um von dort ihre Aktivitäten zu steuern. In Abstimmung mit den niedersächsischen Naturschutzbehörden soll nun zum Ende der winterlichen Fledermausschutzfrist das Höhlensystem unter Beschuss genommen werden. Der Einsatz von Daisycuttern wird dabei nicht ausgeschlossen.

astgabel (06.04.2004, 07:01)
Kanstein, 11.05.04: Aufgrund der Bauarbeiten in Lüerdissen sowie der derzeit unsicheren Lage in Holzen hat die Nederlandse Klim en Bergsport Vereniging den Kanstein als vorübergehendes Ausweichziel entdeckt. „Wegen de nördliche Exposision und de viele Wasser jetzt in die April sind die Verhältniisse seehr unschön", erkennen die Niederländer. Der Ausbau der Kansteinhütte zum Ferienpark und die Überdachung der Klippen stehen unmittelbar bevor. Erste Verhandlungen mit der CenterParcs GmbH sollen bereits begonnen haben.

HansG (06.04.2004, 08:51)
Ahrenfeld, 12.05.04: Nach einvernehmlichen Gesprächen zwischen Ortsrat und CenterParcs wird die Zufahrt zur Kansteinhütte sechsspurig ausgebaut. Die Fa. TollCollect erhält den Zuschlag, ein elektronisches Mautsystem fertigzustellen. Erster Biowaffenanschlag (alte Kletterschuhe) auf die Baustelle in Lüerdissen wird gemeldet, das Gelände wurde weiträumig gesperrt.

astgabel (06.04.2004, 10:03)
Holzen/Ith, 13.05.04:
Der Klemmkeil-Redaktion wurde ein Bekennervideo zu den Biowaffenanschlägen in Lüerdissen zugespielt. Es zeigt Peter Bin Weg beim Barfuß-Klettern im Areal der Rotesteinhöhle: „Ich habe es wieder getan! Und wenn der Allmächtige es für gut befindet, werde ich es wieder und wieder tun!"

astgabel (06.04.2004, 10:14)
Region Braunschweig, 14.05.04: Furioser Mannschaftsssieg am Elm. Bei dem alljährlich Radrennen „Rund um den Elm" hat ein bisher völlig unbekanntes Team das Mannschaftsfahren gewonnen. Die amerikanische Mannschaft ließ die Konkurrenz weit hinter sich. Diese Leistung ist umso beeindruckender, als die Amerikaner das Rennen auf Hollandrädern bestritten haben.

astgabel (06.04.2004, 12:10)
Holzen/Ith, 15.05.2004: Die Nederlandse Klim en Bergsport Vereniging hat sich entschlossen, das neue Grachtensystem an den Lüerdisser Klippen um einen Stichkanal zum nahegelegenen Humboldtsee zu erweitern. Die Zeltplatz AG befürchtet nun, dass durch die Konkurrenz des am See liegenden Campingplatzes die Unterhaltung des kürzlich errichteten WC-Traktes ernsthaft gefährdet wird und wendet sich an alle Kletterer: „Sprecht Euren Sektionsvorsitzenden darauf an!"

HansG (06.04.2004, 14:42)
16.05.04: Das Team US-Postal rüstet komplett auf Hollandfahrräder um. Dazu Lance Armstrong:" It's like riding on a thunderstorm, this year, I think I'm riding the Tour in two times faster than f***ing Jan in one time!"

astgabel (07.04.2004, 09:00)
Lüerdissen/Ahrenfeld, 18.05.04: Die Vorbereitungen der Fa. TollCollect zur Einführung des elektronischen Mautsystems am Kanstein laufen an. Der nächste Brückenbau-Termin am 24.04.04 soll dazu genutzt werden, um für ein Pilotprojekt die Chalkbags aller dann anwesenden Kletterer mit Erfassungsgeräten auszustatten. Brückenbau-Pionierin Carl dazu: „Der geplante Einsatz von RFID-Chips kollidiert mit unseren Vorstellungen von Datenschutz. Wir lassen das prüfen!"

HansG (07.04.2004, 10:33)
Lüerdissen/Ahrenfeld, 19.05.04: Die Firma „Sack Diamond" spendet 150 ChalkBags mit integrierten RFID Chips und integrierten Kartoffelchips (ungarisch). TollCollect erweitert das Mautsystem nun auch auf die Ausstiege der Massive „Haderturm" und „Hexenkanzel".

HansG (07.04.2004, 12:02)
Berlin, 20.05.2004: Hörzu und TV-Spielfilm vergeben jeweils eine goldene Kamera an „astgabel" und „HansG" für ihre Dokumentation „Aufstieg und Niedergang der Wilhelm-Raabe-Klippe": bestes Drehbuch, beste Filmmusik, beste Werbung. Jeweils Gold auch für Peter Bin Weg (beste Stunts) und für Präsident Fischer (beste Dialoge). Glückwunsch !!

astgabel (07.04.2004, 12:21)
Holzen/Ith, 21.05.04: Retro-BigWall-Trend am Ith
Die Nederlandse Klim en Bergsport Vereniging hat durch das aktuelle Angebot des Ith-Caterers ‚Frau Antje' das Big-Wall-Klettern neu entdeckt. „Klettern unter Einfluss von Halluzinogenen hat eine lange Geschichte. Deswegen haben wir uns entschlos-

sen, das Kunstkletter-Gelände im Bereich der ehemaligen Wilhelm-Raabe-Klippe um eine artifizielle BigWall zu erweitern. Dies würde zwei grundlegende Neigungen unserer Landsleute sinnvoll miteinander verbinden. Außerdem wird dies die erste Bigwall weltweit mit homogenen Schwierigkeiten von III+."

Peter Bin Weg (07.04.2004, 13:33)
Verdammte Ungläubige!
Es wird der Tag kommen, wo euch eure Puffer, Grachten und Hollandräder um die Ohren fliegen. Ihr werdet mich nicht finden. Ich werde es immer wieder tun. Red Chilis zu Senfgranaten! PBW

pb. (07.04.2004, 13:40)
Wiesbaden. Das BKA hält das in einem norddeutschen Kletterforum aufgetauchte Bekennermail für echt.
Berlin. Bundeskanzler Gerhard Schröder ließ am Rande seiner Geburtstagsfeier erklären, der im Weser-Leine-Bergland aufflammende Terrorismus sei ein Anschlag, so Schröder wörtlich „auf unsere Demokratie und die Werte der westlichen Welt". Gleichzeitig habe er Verteidigungsminister Peter Struck angewiesen, die Luftwaffe in erhöhte Alarmbereitschaft zu versetzen.
Hameln. Zeugen wollen Peter B. in den Abendstunden in einer Innenstadtkneipe erkannt haben. Er habe unrasiert und übermüdet gewirkt. Personen wurden nicht verletzt.

Präsident Fischer (07.04.2004, 14:31)
Hiermit erkläre ich, in friedlicher Absicht dem Fels und der Natur dienen zu wollen. Dies war uns nicht gegönnt, und wir wurden vertrieben. Wir sind nicht viele, doch unser Wille ist stark. Felsreichtum für alle, dafür kämpfen wir - Peter- in Gedan-

ken sind wir bei Dir!! Freiheit für uns und die Felsen- so will es unsere Konzeption !! Auf die Gipfel, Brüder und Schwestern !!

HansG (07.04.2004, 14:55)
Eschershausen. Der Aufruf des im Exil lebenden Präsident Fischer „Freiheit ist der Gipfel“ hat zu spontanen Solidaritätsaktionen in der Bevölkerung geführt. Zahlreiche Sachspenden wie Kuchen, Roth-Händle, Karabiner, Red Chilis, Fledermäuse und Hollandfahrräder wurden an der Rotesteinhöhle abgegeben. Präsident Fischer ruft nun weltweit zur Aktion „Verwandelt Wut in Weizenbier“ zum Marsch auf die Innenstadtkneipen auf.

astgabel (08.04.2004, 07:07)
Beaverton/USA, 24.05.04:
Der Sportartikelhersteller Nike hat die renommierte Firma Red Chili übernommen. Als eine erste Maßnahme wurde der Produktionsleiter instruiert, alle Modelle der Produktpalette durch ionisiertes Silber antibakteriell auszurüsten. Der Nike-Pressesprecher: „Kletterschuhe passen eigentlich nicht in unser Produkt-Portfolio, aber wir wollen ein Zeichen setzen und unterstützen unsere Nation im Kampf gegen den internationalen Terrorismus.“

astgabel (08.04.2004, 07:16)
Frankfurt/Main, 25.05.04:
Deutsche Sportverbände bilden Allianz.
Nachdem Exil-Präsident Fischer zur Aktion „Verwandelt Wut in Weizenbier“ aufgerufen hatte, meldete sich überraschend der DFB zu Wort: „Wir Sportler müssen zusammenhalten,“ und ergänzte mit Blick auf die Nederlandse Klim en Bergsport Vereniging“ besonders natürlich auf nationaler Ebene!“ Der wegen

seiner Weizenbier-Affinität bekannte Rudi Völler sicherte der IG-Klettern sogar persönlich seine volle Unterstützung zu.

HansG (08.04.2004, 08:43)
Großes Weizenbierfestival mit Erdinger und dem DFB!!
Begeistert von Alt und Jung wurde die neue Wiesn vor der Rotesteinhöhle eingeweiht!! Erdinger stiftete aus Solidarität mit Exil-Präsi Fischer und Peter Bin Weg nicht nur Weizenbier, Haxn, Brezn, Wurstn, Kuchn, Schinknbrotn, nein, auch die Kastelruther Spatzn waren da!!
Uns Rudi ließ sich nicht lumpen und stiftete ein Tor, einen Strafraum, drei Eckbälle und sechs Linien. Danke, danke. Während der Veranstaltung hatte ich Gelegenheit mit Präsi Fischer zu sprechen, der hier seine Eindrücke wiedergibt: „...Schbizze ... Schbizzenbaatie ... Unnergrun is klasse un Bräsi willich auch immasein..!!"

Peter Bin Weg (08.04.2004, 08:46)
Fangt mich doch!

HansG (08.04.2004, 11:51)
Japan. Sony gibt bekannt, mit Nike gleich zu ziehen und Solidarität mit den KletterInnen zu zeigen. Nach dem Sony die komplette Brauerei Erdinger aufgekauft hat, lautet der neue Slogan: „It`s not a trick, it`s a Weizenbier!" Mac Donald gibt bekannt, weltweit nun den McFischer anzubieten und die neue PeterBinWeg-Junior-Tüte.

astgabel (08.04.2004, 12:31)
@Peter bin Weg
Letzten!

Maria W. (08.04.2004, 13:24)
Aus für Hans - als Trainerin der Montagsfrauenscheunengruppe musste ich gestern mit Entsetzen feststellen, in welch bedenklichem Zustand sich HansG befindet! Bekannt aus Internet und Satellitenfernsehen mit der Dokumentation „Aufstieg und Niedergang der Wilhelm-Raabe-Klippe", ausgezeichnet mit der Goldenen Kamera sowie einziger Journalist, dem es gelang, mit Peter Bin Weg und Präsident Fischer Kontakt im Untergrund aufzunehmen, fand ich gestern eine zerbrochene Persönlichkeit vor, die auf alle meine Fragen mit „Kölsch" antwortete. als Trainerin ist es meine Pflicht HansG aus der Öffentlichkeit fernzuhalten. Einzige Chance der Rehhabilitation sehe ich in der Unterbringung in einem Sanatorium in Finale, Italien. Bitte keine Besuche, Fotos oder Postkarten aus Hohlland!! Eventuelle Spenden auf das Konto „Homedrinking is killing Gastwirt" unter Chiffre derpinguin23alphabetagammaaus

astgabel (08.04.2004, 13:24)
Ith, 31.05.04: Das Rätsel um das plötzliche Verschwinden von Peter Bin Weg aus dem Weserbergland Anfang des Monats ist gelöst. Die anfängliche Erleichterung seitens der Nederlandse Klim en Bergsport Vereniging fand denn auch ein jähes Ende. Wie der Korrespondent des Magazins ‚Klemmkeil' in Afghanistan berichtet, habe Peter Bin Weg einige Wochen Hochtouren im Karakorum unternommen und dabei seine Kunstfaser-Kleidung nicht einmal gewechselt. Mehrere Stücke seiner Kleidung sind nun im Areal der ehemaligen Wilhelm-Raabe-Klippe gefunden worden.
Der Katastrophenschutz ist bereits vor Ort, zeigt sich aber noch ratlos: „So etwas fand in unseren Desaster-Szenarien bisher keinerlei Berücksichtigung."

präsident fischer (08.04.2004, 13:37)
HansG - wir werden Dich vermissen!! Kein anderer konnte so subjektiv und verzerrt berichten wie Du, die Interviews mit Dir werde ich nie vergessen - immer noch bin ich dabei, die leeren Pullen wegzuräumen..!! Du warst einer von uns und hast für unsere Sache gesoff ... äh ... gekämpft, doch das mächtige System hat nun alle Schrauben in Deiner Birne gelockert. Doch nun: Freiheit ist der Gipfel - lasst Weizenbier strömen und schickt eure alten Klettermauken dem Peter, der kann`s gebrauchen..!!

HansG (08.04.2004, 15:15)
..Kölsch-bitte bitte-Kölsch-bitte bitte-Kölsch-bitte bitte-Kölsch-bitte bitte-Kölsch-bitte bitte-Kölsch...

astgabel (08.04.2004, 15:41)
Kölsch? ein untrügliches Zeichen für Gehirnwäsche. wer pi**e säuft, steckt ja nun gar nicht mehr im eigenen Frack. Wo ist der Peter? Das muss gerächt werden.
btw: was machte der Hans in einer Montagsfrauengruppe? Was geht hier vor? Hier stimmt was nicht... und wer ist überhaupt Maria?
Moment, was suchen sie hier? ich erhgffklödv..vvvvv.........

Peter Bin Weg (08.04.2004, 20:26)
Seid unbesorgt - ich bin in Gedanken bei Euch! Kölsch gehört in Gefahrguttransporter. Ich trinke jetzt ein Schnelles. Auf unseren Präsidenten.

DAS BILD ZUM SCHPOCHT
NR. 5

Mein Favorit beim Wettbewerb "Dümmster Boulderer des Jahres" in der Kategorie "Rückenbruch trotz drei Crashpads".

Marshmallows im Bannstrahl von Laserkanonen

Unweit des wenig bemerkenswerten Städtchens Alfeld an der Leine verirrt sich der vermutlich ansonsten eher durchfahrende Reisende unter Umständen in ein kleines Örtchen namens Brunkensen. Offenbar ist es jedoch nicht klein genug, um nicht auf einer eigenen Internetseite „www.brunkensen.de" die „Romantik des Glenetales", in welchem das Schicksal in einer Laune die paar Häuser zurückgelassen hat und das „leistungsfähige Gewerbe" zu preisen. Ob im Gedankenentwurf desjenigen, der sich an einem trüben Novemberabend das Internet ausgedacht hat bereits „www.brunkensen.de" implementiert war? Ich glaube eher nicht. Auf der Seite indes findet man Verweise auf Erstaunliches: Das Restaurant „Pötchen Peine" zum Beispiel oder die Firma „aureo! – der Ideenshop", die sich dem Vertrieb von „Urzeitkrebsen" verpflichtet fühlt und uns mit einem weiterführenden Link sogar auf die Seite „www.urzeitkrebse.de" verweist. Klickt man hingegen auf „Sehenswertes" kommt man aus dem Staunen kaum heraus. Da wird ein „Erdrutsch von 1932" angepriesen, eine „Windkraftanlage auf dem nahen Odenberg", ein „Steinbruch" und ein „Oldtimer-Autosalon". In der Tat touristische Highlights. Ich stelle mir gerade vor, wie beim Jahresausflug des Frauenkreises der St.-Lamberti-Gemeinde Hildesheim, sich die kreisenden Frauen zuerst bei „Pötchen Peine" die Mägen mit Urzeitkrebsen in Sauerrahm vollschlagen, sich vor Oldtimern fotografieren lassen, gruselnd vor dem „Erdrutsch von 1932" verweilen um sich abschließend vor der Heimfahrt am „nahen Odenberg" mal so richtig durchpusten zu lassen. Nein, ich will hier nichts schönreden, Brunkensen zählt wahrlich nicht zu den 20 Orten auf der Welt, die man unbedingt gesehen haben muss, bevor man ins Gras beißt. Wäre da nicht – und die geneigte Leserschaft wartet ja nun schon ungeduldig darauf – ein kulturhistorisch-geologisches Highlight: die Lippoldshöhle. Hier soll in grauer Vorzeit ein Räuber gleichen Namens gehaust und die umliegenden Ortschaften nebst ihrer sich vermutlich von Urzeitkrebsen ernährenden Bewohner terrorisiert haben. Heutzutage kriecht man durch modrige nach Fäkalien stinkende Felsstollen und schaut „kickuck!" aus einem kleinen Felsfensterchen in den Wald, an dem der Herr Lippold nach getanen Raubzügen seine Verdauungszigaretten geraucht haben mag, weil Frau Lippold der Meinung war, sie kriege sonst den Gestank aus den Rentierfellen nie wieder raus. Also letztlich auch nicht so doll, dass sich dafür Frauenkreise aus niedersächsischen Kirchengemeinden interessieren müssten.

Außerhalb der Höhle jedoch finden wir recht ansehnliche Felsformationen, die für uns Kletterer nett erschlossen, saniert und hergerichtet wurden, und die gerne ob ihrer schattigen Lage an der romantischen Glene im Hochsommer aufgesucht werden. Auch bei der Namensgebung der Kletterrouten entdecken wir interessantes: Da gibt es einen „Lippolds Fluchtweg", der jedoch als solcher relativ untauglich ist, da jemand, der darauf das Weite sucht, sogar von einem Sechstklässler mit der Zwille abgeknallt werden könnte, da man im 5. Schwierigkeitsgrad aufwärts kletternd ja bekanntlich nicht wirklich Fahrt aufnehmen kann. Oder wunderbar romantisches wie „So selten in den Mauern wohnt". Ach, wenn doch nur allenthalben so viel Phantasie und Feinsinn walten würde, wie in dem Moment, da sich ein Erstbegeher genötigt sieht, seiner Kreation einen Namen zu geben. Doch das ist ein anderes Thema, nicht meins.

Um mich jedoch meinem eigentlichen Anliegen zu nähern, möchte ich mich nun in aller Demut dem erstaunlichsten Routennamen des Brunkenser Klettergebietes widmen: „Le pantalon du grimpeur déclenche la musique aiguë du forêt". Bevor ich die Übersetzung dieses wahrhaft epischen Namens liefere, möchte ich, sozusagen als kleinen Service für Nicht-Romanisten, etwas zur korrekten Aussprache beitragen. Denn nichts ist peinlicher und lässt einen mehr als Mitglied der sogenannten bildungsfernen Schichten dastehen, als das falsche Aussprechen von ausländischen Routennamen, zumal in der Sprache unseres Lieblings-Ex-Erzfeindes. Ich erinnere mich noch, wie sehr ich mir die Fähigkeit, in den Erdboden versinken zu können herbeiwünschte, als ich eine hübsche Belgierin am Wandfuß des Rocher du Pape in Freyr nach der Route „Les Tourtereaux", was soviel wie „Die Turteltäubchen" bedeutet, fragte, statt der korrekten Aussprache [Lee Turteroh] jedoch irgendetwas von [Lee Tarterüss]" stammelte, was gelinde soviel wie „Die russischen Torten" bedeutet, ungelinde jedoch auch als „Die hässlichen Russinnen" verstanden werden könnte. Nein, das war wirklich peinlich und davor möchte ich die werte Leserschaft schützen, indem ich hier nun versuche die korrekte Aussprache des oben erwähnten Lindwurms in Umschrift darzustellen, wobei ich mir der Tatsache bewusst bin, dass es in deutscher Umschrift keine Entsprechung für den französischen Nasallaut gibt und ich mich mit der Buchstabenkombination [ng], die dann vom Nutzer durch den Kolben zu näseln sei, zu retten versuche.

Also: Will man sich nicht vor hübschen Belgierinnen blamieren, so spreche man wie folgt: [Le pangtalong dü grengpöhr dehklangsch la müsik ägü dü forä]. Dann klappt's auch mit der Routenfindung und vielleicht lässt sich ja die belgische Dame noch auf ein Techtelmechtel in der Höhle oder einen romantischen Abend am „Erdrutsch von 1932" ein, wer weiß?

Doch was bedeutet nun dieser unaussprechliche Quatsch eigentlich? Vorweg: Ich möchte hier keine Gewähr für die Qualität meiner in sieben Jahren Schule und zehn Semestern Studium erworbenen Französischkenntnisse übernehmen. Also: Wenn irgendein unbedachter Leser oder weibliches Exemplar dieser Gattung bei einer Examensprüfung durchrasseln sollte, weil darin der Satz „Le pantalon du grimpeur déclenche la musique aiguë du forêt" vorkommt und er, sich meiner hier gleich gelieferten Übersetzung erinnernd, in die Falle tappt - zack, bumm, boing, durchgefallen, Karriere im Eimer, die Frischverlobte verlässt ihn, das Auto wird gepfändet, er verwahrlost, lebt zwischen Pizzakartons und verwesten Hauskatzen, die Freunde wenden sich von ihm ab, schließlich steht er mit einem Amboss um den Hals auf einer Autobahnbrücke und wird nur von einem zufällig vorbeikommenden rumänischen Lastwagenfahrer zurückgehalten – wenn ihm all das widerfahren sollte, möge er sich bitte nicht auf mich berufen. Also, meines Wissens bedeutet „Le pantalon du grimpeur déclenche la musique aiguë du forêt" auf deutsch etwa: „Das Beinkleid des Kletterers entfacht die helle Musik des Waldes." Fast an jedem der Worte dieses Übersetzungsversuches werden nun vermutlich ganze Aulen von Französischlehrern herummäkeln. Sei es, dass die einen behaupten, „Beinkleid" sei eine zu poetische und schwärmerische Übersetzung für „pantalon", sie zögen das schlichtere „Hose" vor, andere ergehen sich in dissertationsartigen Ausschweifungen über die Fragestellung, ob „aiguë" nicht mit „spitz" oder „schrill" besser übersetzt sei als mit „hell" und so weiter, und so weiter. Typisch deutsch, kann ich nur sagen, Reformstau, Musikantenstadl, Hunde die ungestraft auf Bürgersteige kacken und halbgebildete Französischlehrer, die ständig an allem herummäkeln aber vermutlich nicht einmal wissen, was „Urzeitkrebs" auf französisch heißt.

Also noch mal: „Das Beinkleid des Kletterers entfacht die helle Musik des Waldes." Nun, ich kann nicht behaupten, dass mir das im Namen beschriebene oder ähnliches in den nunmehr 32 Jahren, in denen ich manch Beinkleid durch den Wald zu tragen das Vergnügen hatte, jemals widerfahren sei. Wohl dass es mir hin und wieder, vor allem nach speziellen dazu angetanen kulinarischen Genüssen vergönnt war, innerhalb meines Beinkleides Töne, ja, und wenn man einen sehr weit gefassten Kunstbegriff zugrundelegt, auch Musik zu erzeugen, so hatte diese jedoch keinerlei entfachende Wirkung auf irgendwelche Waldmusikanten, zudem wäre es absolut unangemessen, die so entstandene Musik als „hell" bezeichnen zu wollen. Nein, ich kann mit solchen Erfahrungen leider nicht dienen. Bleibt die Frage, ob Hosen, speziell Kletterhosen, überhaupt irgend etwas entfachen können. Bei Musik, noch dazu von Waldmusikanten vorgebracht, habe ich da so meine Zweifel, auch wenn ich weder den Erstbegeher von „Le pantalon du grimpeur déclenche la musique aiguë du forêt" geschweige denn seine Beinkleider näher kenne. Ich glaube es einfach nicht.

Wenn ich also Kletterhosen die Musikentfachfähigkeit hier in Bausch und Bogen abspreche, so bedeutet das keineswegs, dass ich glaube, Kletterhosen hätten grundsätzlich und überhaupt keinerlei Wirkung auf ihre Umgebung. In der Nähe von Kletterhosen vernehme ich zum Beispiel immer wieder menschliche Regungen wie Kopfschütteln, Prustgelächter, Augenverdrehen oder Verlegenweggucken. Und hier ist es nun, mein eigentliches Anliegen, dessentwegen ich mich der nicht unerheblichen Mühe dieser ausschweifenden Einleitung unterzogen habe: Betrachtet man nämlich die Beinkleider derer, die sich ob ihres Freizeitverhaltens als Kletterer bezeichnet sehen wollen, so wird man ihrer offenkundigen Sorglosigkeit hinsichtlich ihrer Reputation gewahr. Und ich meine hier ausdrücklich Hosinnen und Hosen. Denn machen wir uns nichts vor: Kletterhosen sehen entweder albern oder hässlich aus, in einigen, gottlob seltenen Fällen sogar beides. Mal ehrlich: entweder sie sind funktional, praktisch und damit hässlich oder eben modisch schick, trendy, hip, cool und damit albern.

Nun bin ich, und die, die mich kennen werden dies ohne zu zögern bestätigen, ein Ausbund an Bescheidenheit und Selbstkritik und wage hier keineswegs zu behaupten, dass nicht auch meine Kletterhosen vom Bannstrahl eines Guten-Geschmack-Wächters verschmort würden wie Marshmallows von einer Laserkanone. Ich habe jedoch gewisse Vorkehrungen getroffen, um mich nicht zur Gänze dem ätzenden Spott von Hosenkritikern auszusetzen. Ich klettere zum Beispiel grundsätzlich in Jeans. Sie sind robust und strapazierfähig, besitzen einen zeitlos modischen Schick und vor allem: sie sehen nicht aus wie Kletterhosen! Immer wieder werde ich darob an den Wandfüßen dieser Welt mit Vorwürfen überhäuft: „Jeans? Du kletterst in Jeans?“, etwa in einem Tonfall gesprochen wie: „Bettnässer? Du bist noch Bettnässer?“ Ich bleibe dann immer ganz ruhig und spreche Sätze wie: „Ja, Jeans, ich klettere in Jeans. Ich bin fast fünfzig, höre Jazzmusik, fahre ein deutsches Auto, kaufe fertiggebratene Putenbruststreifen bei Plus und klettere in Jeans. Irgendetwas dagegen?“ Ziemlich prompt kommt die Antwort (und mal ehrlich: es wäre auch Deine gewesen): „In Jeans kann man sich doch gar nicht bewegen." Es ist wohl die Weisheit des Alters, die mich gelassen entgegnen lässt: „Ach, weißt Du – ab einem bestimmten Alter ist eigentlich die Hose immer beweglicher als der Mensch!" Also: Egal was da um meine untrainierten Beine schlabbert, meine bahnschrankenhafte Unbeweglichkeit kann durch eine Hose weder befördert noch gelindert werden, bocksteif bleibt bocksteif. Ein Güterwaggon wird ja schließlich auch nicht dadurch geschmeidiger, dass man ihn in Elasthan wickelt.

Aber, das gestehe ich ein, auch Jeans stoßen von Zeit zu Zeit an ihre Grenzen: Ich lebe mit einer Partnerin zusammen, deren Wiege in unserem östlichen Nachbarland stand. Einem Land, wo am ersten Werktag nach den Weihnachtsfeiertagen in den 20-Uhr-Nachrichten Berichte aus den großen Krankenhäusern des Landes ausgestrahlt werden, in denen Bilanz gezogen wird, wie viel hundert polnische Bürgerinnen und Bürger als Notfälle auf den Intensivstationen weilen, weil sie sich an den Feiertagen überfressen haben. Im Anschluss an die Nachrichten gibt es dann auch noch einen „Brennpunkt" zu diesem Thema. Es kann deshalb schon mal sein, dass sich meine Jeans in den ersten Tagen des neuen Jahres nicht wirklich gängig schließen lässt. Zum Glück bin ich aber noch im Besitz einer wunderschönen sandfarbenen Stretchcordhose, die dann immer gute Dienste leistet und die von Männern meines Alters ob ihrer schier grenzenlosen Bequemlichkeit ohnehin sehr geschätzt wird. Also: Jeans oder Stretchcord – ich bin gerüstet und mein Kletterhosengeschmacksgewissen ist rein.

Das war nicht immer so, und ich gestehe: auch ich habe wider den guten Geschmack gesündigt. Hier nun meine Beichte. (Wen sie nicht interessiert oder wer nicht an die geheimnisvoll reinigende Kraft, die der Buße innewohnt, glauben mag, dem sei empfohlen, entweder eine Geschichte weiter zu blättern, sich in einen chinesischen Schnellimbiss zu begeben oder vielleicht in der Zwischenzeit - nur ein Vorschlag - den Flüssigkeitsstand seiner Scheibenwaschanlage zu überprüfen, wenn ihm danach ist.) Den tapfer Weiterlesenden kann ich nun aber an dieser Stelle leider eine kleine historisierende Ausschweifung über die unterschiedlichen Beinkleidmodelle, die mich bisher auf den Bergen der Welt umhüllten, nicht ersparen. Natürlich habe ich beginnend mit den frühen Siebzigern sämtliche Moden mitgemacht: Graue Kniebundhosen mit Hammerköcher, blaue Kniebundhosen ohne Hammerköcher, braune Kniebundhosen mit doppeltem Lederbesatz am Hosenboden für den Dülfersitz, grüne Kniebundhosen ohne doppelten Lederbesatz am Hosenboden für den Dülfersitz, Kniebundhosen, schwarze Cordhosen mit 42er-Schlag, blaue Adidas-Trainingshosen mit breiten Streifen, blaue Adidas-Trainingshosen mit schmalen Streifen, weiße Malerlatzhosen, weiße Malerhosen, fliederfarben gefärbte Malerhosen, dreckige Malerhosen, urzeitkrebsfarbene Malerhosen, blaue Arbeitshosen, braune Arbeitshosen, graue Jogginghosen mit gelben Seitenstreifen, schwarze Radlerhosen, bunte Radlerhosen, ganz bunte Radlerhosen, entsetzlich bunte Radlerhosen, irgendwelche Wandershorts abgeschnittene Jeans, nicht-abgeschnittene Jeans, und Cordhosen. So, das waren sie glaube ich. Na? Wirklich? Hast du da nicht …? Ok, ok, ich geb's zu. Da waren noch: zu Kniebundhosen umgearbeitete, mit Flicken übersäte Jeans, schwarze Bollerjogginghosen, blaue Puma-Trainingshosen mit Silberstreifen, kurze, blaue adiadas-Plastik-Leichtathletikhosen und veilchenfarbene Gymnastikhosen mit Ethnomuster (schade, die hatte ich schon erfolgreich verdrängt...). Teilt man also die Anzahl der von mir zum Klettern missbrauchten Beinkleider durch die Anzahl der Jahre, in denen ich das tat, so wird schnell klar, dass ich meine Hosen etwa so häufig wechselte wie die Menschen ihre Liebhaber, von denen man sagt, sie wechselten ihre Liebhaber wie ihre Unterhosen. Aber nur einmal habe ich mir von einem der beschämend hohen Honorare, die mir mein Verleger von Zeit zu Zeit überweist, eine echte Kletterhose der Marke „E9" gekauft, knielang, sandfarben, schick, trendy, hip, cool, die Zierde einer jeden Bouldermodenschau, ein Traum. Gebracht hat es nichts. Und wie sehr habe mich kürzlich geärgert, als nach einem meiner narbenmachenden Stürze frisches Blut auf sie tropfte. Auf die teure Hose. Ist übrigens dank Persil-Tabs mit Kurzwaschformel einwandfrei wieder rausgegangen. Kann ich empfehlen. Wenn es einem nicht egal ist, ob man Blutflecken auf der Kletterhose hat: Persil-Tabs mit Kurzwaschformel.

Doch niemals, ich betone: niemals (!) habe ich schwuchtelhaftbuntschillernde, enganliegende Lycras besessen oder habe meiner Umgebung Aerobic-Strickstulpen zugemutet, die angeblich dazu angetan sein sollten, das stoppelhaarbesetzte Stückchen Bein zwischen Kletterhose und Schuh zu verbergen. Nein, niemals. Und es zählt zu meinen liebsten Freizeitbeschäftigungen, in den alten Rotpunkt-Heften zu blättern, um mich an den sich gockelhaft spreizenden und windenden Lycralegginsträgerinnen und -trägern zu ergötzen. Diese abscheulichen Entgleisungen leben übrigens in der Neuzeit als grausige Aldi-Caprihosen und zweckentfremdete TCM-Laufhosen mit Reflektorstreifen weiter. Übertroffen werden diese operettenhaft glänzenden Papageienstrumphosen meines Wissens nur von einer besonders widerwärtigen Form der Beinverhüllung. Nein, ich meine damit nicht diese komischen Zip-Off-Hosen, obwohl ja schon der Name allein Auge und Ohr in unzumutbarer Weise beleidigt. Und sie sehen auch irgendwie immer gleich aus, egal ob sie nun von Adidas, Fjällräven, Jack Wolfskin (schauder!), Brax oder Royal Robbins gefertigt wurden. Im Katalog von Royal Robbins heißen sie übrigens „Zip ‚N Go Pants". Whow! Zip ‚N Go Pants! Klingt cool, oder? Apropos: Gibt es eigentlich noch Redlefsen, die Würstchen mit dem Reißverschluss – zwei für jetzt, zwei für später? Na egal. Zip ‚N Go. (Oh - ich mache gerade eine lustige Erfindung: Zip-Off-Hosen, bei denen die Reiß- teilweise durch Klettverschlüsse ersetzt werden - die heißen dann Zip ‚N Haft Hosen. Hihi!) Doch egal ob Zip ‚N Go, Zip-Off oder Zip, die Teile sind offenbar beliebt und im Grunde ja auch entsetzlich praktisch, kauft man doch quasi zwei bis drei Hosen zum Preis von einer und kann, wenn man sich in Regionen mit stark schwankenden, mal beinverhüllungs-, mal beinfreiheitheischenden Temperaturen befindet, ruck-zipp mit einem gewagten Vor-Ort-Striptease seine Beine in mehreren Stufen bis hin zur Outdoor-Hotpants den Blicken seiner Umgebung und damit meist der öffentlichen Lächerlichkeit preisgeben, ohne dabei den Klettergurt ausziehen zu müssen. Wirklich eine feine Sache.

Aber an der Spitze der nach oben offenen Hosenpeinlichkeits-Skala stehen für mich die offenbar vor allem in den östlichen Beitrittsgebieten nach wie vor beliebten und dort immer wieder anzutreffenden … tja … Hosen? Hosen kann man eigentlich dazu nicht sagen: Das sind diese Dinger, die man in den 80er Jahren in den Muckibuden unter dem Namen „Camouflage Pants" zu am Arm tiefausgeschnittenen, achselhaarzurschaustellenden Muscleshirts trug. Berühmt gemacht hat sie Olli

Dietrich in „Samstag Nacht“ in seiner Rolle als Corvette-fahrender, sonnenbebrillter Harburger Vorstadtzuhälter Mike Hansen. Vom Muster her eine Art Tarnhose, nur eben kakelbunt und unförmig wie ein deutsches Steuergesetz. Man sieht darin aus wie eine Mischung aus Konfettitüte und Balkan-Guerilla auf Urlaub. Sie sind, ich lege mich jetzt hier zumindest vorläufig fest, der Höhepunkt dessen, was die Kletterer jemals ihrer Umgebung an Ausbünden schlechten Geschmacks zugemutet haben. Und wenn ich's mir recht überlege: Vielleicht war es ja doch einmal einem solchen Camouflage-Exemplar vergönnt, an einem kühlen Maiabend im Brunkenser Wald den dort ungeduldig wartenden Musikanten Töne zu entlocken, wer weiß? Und wenn es so war, das ist gewiss, hatten die Urzeitkrebse an den Gestaden der romantischen Glene in jener Nacht jede Menge Spaß.

DAS BILD ZUM SCHPOCHT

NR. 6

Fast perfekt. Noch mehr Spaß hätten die Mädels wahrscheinlich nur, wenn unser friendfuchtelnder Held mit der Selbstbräunungscreme etwas großzügiger umgegangen wäre.

DAS BILD ZUM SCHPOCHT NR. 7

Dafür dass der Griff so groß ist, guckt der junge Mann für meinen Geschmack etwas zu dramatisch. Aber das Holz-Crashpad finde ich schon ziemlich klasse.

Enge Schlaufen vermasseln den ersten Eindruck bei Klassefrauen

Meine Mutter ist meine schärfste Kritikerin. „Schreib doch mal ein richtiges Buch“, schlug sie neulich vor. Auf meine vorsichtige, die Kompliziertheit einer Mutter-Sohn-Beziehung berücksichtigende Nachfrage, was sie denn unter einem „richtigen“ Buch verstehe, antwortete sie bestimmt: „Ein Kinderbuch. Oder etwas Ernstes.“ Paff! Das saß. Etwas Ernstes. Auf meinen Einwand, dass es für einen von gelegentlichem Ungemach heimgesuchten Hobbykletterer und Freizeitschreiberling, der auf halbwegs verwertbare eigene Erlebnisse angewiesen ist, vielleicht etwas zuviel verlangt und im Übrigen auch nicht ganz ungefährlich sei, über etwas Ernstes, Großes zu berichten, erwiderte sie trocken: „Dann denk Dir was aus!“ Nun bin ich an sich ein gehorsamer Sohn und durchaus darauf bedacht, meiner Mutter hin und wieder eine im Rahmen meiner bescheidenen Möglichkeiten stehende Freude zu machen, hier jedoch sah ich mich tatsächlich außer Stande. Und, liebe Leserin, lieber Leser, sagen wir‘s mal wie es ist: dafür habt ihr schließlich eure Trenkers, Bonattis, Herligkoffers, Messners und Simpsons, bitte, wenn ihr auf Großes abfahrt, rennt in den nächsten Buchladen, kauft deren bücherbordbiegenden Wälzer, ergötzt euch erschaudernd an ihnen aber lasst mich in Ruhe.

Ich möchte vielmehr auf den nächsten Seiten, vielleicht auch in einer Art spätpubertärer Trotzreaktion, ein vollkommen unbedeutendes, triviales Sujet behandeln, das sich, verglichen mit, nur mal so zum Beispiel, der ersten Besteigung des Mount Everest tatsächlich auf den ersten Blick geradezu lächerlich banal ausmacht, welches aber bei genauerem Hinsehen vielfältige und, wenn es denn durch schicksalhafte Verkettungen zum Unguten gewendet wird, auch tragische Aspekte haben kann. Am Ende der Geschichte wird man, ich verspreche es, auch von einem solchen lesen können. Also, worum soll es gehen? Ich denke, es ist an der Zeit, etwas in das Bewusstsein unserer Kletterinnen und Kletterer zu rücken, was in meinen Augen genau dort hingehört: Nämlich jener geheimnisvolle Moment in dem wir in unsere Kletterschuhe schlüpfen. Meine Güte, werden jetzt einige denken, das ist ja total spannend! Finde ich auch. Ich immerhin schlüpfe pro Jahr einige hundert Male hinein und wieder heraus, sehe viele andere Kletterinnen und Kletterer dasselbe tun, komme also vermutlich auf einige tausend selbsterlebte oder beobachtete Schlüpfungen. Das ist nicht nichts, und davon gibt es, wenn man nur aufmerksam genug hinschaut, überraschend Bemerkenswertes zu berichten.

Einschub: Denjenigen, die in dieser Geschichte nun schon zum zweiten Mal über die der anbiedernden Sprache eines Politikers wahrlich würdige Formulierung „Kletterinnen und Kletterer" gestolpert sind, sei versichert: Ich finde das auch, wenn nicht albern, dann doch zumindest umständlich. Aber was soll man, frau, mensch machen? So ist es nun mal korrekt. Dennoch sei es mir an dieser Stelle erlaubt einmal kritisch anzumerken, dass ich vermutlich einige Monate meines Lebens damit vergeude, Menschen dabei zuzuhören, wie sie pflichtbewusst und gleichstellungstechnisch korrekt „Wählerinnen und Wähler", „Soldatinnen und Soldaten", „Studentinnen und Studenten", „Kolleginnen und Kollegen" oder gar wie der schrecklich lustige Cherno Jobatey am 10.11.2005 im ZDF-Morgenmagazin „Frühstücksfernsehzuschauerinnen und Frühstücksfernsehzuschauer“ (!) herunterhaspeln. Zudem riecht für mich die ganze Sache ja doch verdammt nach feministisch inspiriertem Rosinen-Picking. Denn, meine Damen – wenn schon, denn schon: „Achtung Autofahrer! Auf der A 2 Hannover Richtung Dortmund kommt ihnen zwischen Beckum und Hamm-Uentrop eine Falschfahrerin entgegen!“ Weitere Beispiele gefällig? Habt ihr jemals das Wort „Schwarzarbeiterinnen“ oder gar „Steuerhinterzieherinnen“ gehört? Hat die Polizei jemals Temposünderinnen, Dränglerinnen und Raserinnen nachgestellt oder fieberhaft nach einer unbekannten Mörderin gesucht? Gibt es eigentlich auch Sozialschmarotzerinnen? Offenbar nicht, solch unschickliche Dinge überlässt die holde Weiblichkeit geflissentlich den Männern. Aber wehe der BürgerInnenmeister des kleinen niedersächsischen Städtchens Eime sagt anlässlich der Einweihung des neuen Freibades „Liebe Eimer!“ Dann murmelt es bestimmt irgendwo aus den hinteren Reihen „... und Eimerinnen!“ Also, liebe Leser und -rinnen, falls ich im Verlaufe dieses oder eines anderen Textes einmal aus Versehen das weibliche Geschlecht vernachlässigen sollte – es ist ansonsten nicht meine Art und keinesfalls böse oder gar chauvinistisch gemeint. Sorry. Einschub Ende.

Einige tausend selbsterlebte oder beobachtete Schlüpfprozesse, da war ich stehen geblieben: Nun ist es ja beileibe nicht so, dass ein Schlüpfen dem anderen in einer Weise gliche, die man für gewöhnlich Eiern zuspricht. Da gibt es Unterschiede, denen eine feine Beobachtung gut tut. Und zwar nicht nur Unterschiede wo, wie und durch welches Geräusch begleitet geschlüpft wird, sondern auch ob oder ob nicht. Ja, es passiert immer wieder, dass einem das In-die-Schuhe-Schlüpfen vorenthalten bleibt: Sicherlich gibt es auch in eurem Bekanntenkreis mindestens einen Kletterer, der seine Schuhe während eines gesamten Klettertages nicht ein einziges Mal auszieht und dabei auch noch behauptet, er brauche das nicht, er kaufe sich keinen engen Schuhe mehr, das bringe sowieso nichts und außerdem, was er für Zeit spare, wenn er pre-slipped durch den Klettertag husche, da könne er glatt eine Tour mehr machen, was denjenigen, denen die drangvolle Enge in den bunten Schlappen peinigenden Schmerz bereite und sie zum unentwegten Be- und Entschlüpfen zwänge, durch schlichten Mangel an Zeit entginge. Bei einem bekannten norddeutschen Kletterer führt offenbar dieses Trachten nach möglichst hoher Netto-Kletterzeit mittlerweile dazu, dass er schon am Parkplatz mit Kletterschuhen, Gurt und Helm aus dem Auto steigt und allein schon durch dieses Verhalten den beißenden Spott seiner Umgebung auf sich zieht. Hach, wo ich gerade „Helm“ schreibe: Ob erwachsenen Menschen bewusst ist, wie sie aussehen, wenn sie einen Helm aufhaben? Vermutlich in den meisten Fällen nicht. Aber das ist ein anderes Thema, ich schreib's mir mal in mein Notizbuch, dazu gibt's auch einiges zu sagen, aber das gehört nicht hierher.

Also - ok, das mit dem durchs Nicht-ständig-schlüpfen-Müssen erzielten Zeitvorteil will ich mal so stehen lassen. Das kann man rechnerisch kaum widerlegen. Aber zu den anderen Einlassungen möchte ich hier ein paar nachdenkliche Bemerkungen machen:

Dass man in bequemen Schuhen nicht vernünftig klettern kann ist empirisch bewiesen, und alle, die Gegenteiliges behaupten sind entweder Kletterer, die aufgrund ihrer ungeheuren Kräfte dieses Manko zu kompensieren spielend in der Lage sind oder abgefeimte Lügner. Und eins möchte ich hier mal wissen: haben sich die Vor-Schlüpfer eigentlich schon einmal gefragt, ob es aus hygienischen Gründen nicht eine, gelinde gesagt, Schweinerei ist, einen ganzen Klettertag in diesen, trotz aller zur Schau getragenen Bequemlichkeit, nicht wirklich atmungsaktiv zu nennenden Fußbekleidungen zu verbringen? Ist das nicht eigentlich ziemlich eklig? Nun, es könnte einem ja egal sein, wenn man nicht hin und wieder gezwungen wäre, mit einem dieser Dauerbeschuhten das Innere eines Zeltes, eines Hüttenzimmers oder gar eines Kraftfahrzeuges zu teilen, um sich, wenn man nach einer solchen Fußgasattacke wieder zu Bewusstsein kommt, zu fragen: War das nötig? Viele der so befragten permanent-galoschierten wenden dann ein, sie begegneten dieser Problematik mit der einfachen aber aus ihrer Sicht höchst effektiven Maßnahme, Socken in den Kletterschuhen zu tragen, womit wir beim nächsten, nicht minder problematischen Aspekt wären: Socken in Kletterschuhen.

Socken in Kletterschuhen! Gibt es etwas Schrecklicheres? Ja: Kappen in Kletterhelmen. Aber auch das spielt am anderen Ende des Kletterers und gehört nicht hierher sondern in mein geduldiges Notizbuch. Socken in Kletterschuhen! Bevor ich den vermeintlichen und mit einer erstaunlichen Beharrlichkeit immer wieder reklamierten Hygiene-Vorteil, denselben in den Staub trampelnd, widerlegen werde, muss ich für mein Seelenheil ein klitzekleines Geständnis machen: Ja, auch ich habe einmal Socken in Kletterschuhen getragen. Genauer gesagt Basketball-Strümpfe. Aber das ist lange her und ich kann das erklären: Es war 1979, und wir waren in Amerika, und alle hatten die an und John Bachar auch und Wolfgang Güllich, und ich studierte Leibesübungen und spielte Basketball, und ich dachte damals es sei cool. Aber das ist vorbei. Ich weiß auch noch genau seit wann: Ein trüber Novembertag am Reußenstein auf der schwäbischen Alb. 5°, böiger Wind. Mir war eiskalt. Und weil ich so fror, wollte ich Socken in meine Ballerinas anziehen. Arztsocken. Weiße Arztsocken. Da traf mich Achims überrascht-angewiderter Blick, als habe ich ihm gerade ein unsittliches Angebot gemacht und ich erschrak – etwa so, wie eine Frau, die man beim Kauf von Wechseljahre-Tabletten überrascht hat. Seitdem, ich schwöre, habe ich nie wieder einen solchen Versuch unternommen.

Doch nun zum vermeintlichen Hygiene-Vorteil: Hey, Sockenfans, was meint ihr? Wie viel Schweiß kann ein guter deutscher 2-Millimeter-Baumwollsockenquerschnitt so aufnehmen, hä? Und was macht er wenn er genug hat, na? Gibt er den Schweiß an den Fuß zurück, oder wie? Und was ist, wenn es dann zu einer Begegnung mit einem Kletterfreund in einem Zelt, einem Hüttenzimmer oder einem Kraftfahrzeug kommt? Da stinken nicht nur die Füße und die Schuhe, sondern auch noch die Socken! Findet ihr das schön? Und was ist mit der Performance eurer Latschen? Noch weniger Kontakt zum Fels, noch weiter gedehnte Schuhe, hört doch auf, das ist doch alles Mist! Also: Socken in Kletterschuhen bringen aus Hygiene-Sicht überhaupt nichts.

Was aber noch viel schlimmer ist: Besockte Kletterer sehen in etwa so dämlich aus wie Männer, die mit einem Stirnband, das an den Ohren breiter wird, an Weihnachtsmarktglühweinständen stehen. Lasst es also bleiben, und bitte: nicht mogeln mit so tief geschnittenen Söcklingen, die man in Schuhgeschäften manchmal vor dem Anprobieren in die Hand gedrückt bekommt und die angeblich kaum über den Schuhrand hinaus schauen sollen. Tun sie aber doch! Socken in Kletterschuhen – ich glaube das haben wir hier jetzt abschließend geklärt – das macht man einfach nicht!

All diese Überlegungen hatten ja zum Ausgangspunkt, dass bei den Dauerträgern selten Schlüpfprozesse zu beobachten seien. Aber es kann dafür auch noch andere Ursachen geben: Mein Freund Hans zum Beispiel hat es in diesem Jahr innerhalb von zwei Wochen geschafft, zweimal gar keine Kletterschuhe einzupacken (Nicht-Slipping), einmal die seiner Frau (Maso-Slipping), einmal zwei linke (Asymetrie-Slipping), einmal nur einen (Mono-Slipping) und einmal einen von sich und einen seiner Frau (Hetero-Slipping). Geklettert ist er trotzdem jedes Mal. Ob mit oder ohne Socken habe ich jetzt verdrängt.

Doch nun zum Schlüpfen selbst, das wir uns im Folgenden natürlich idealerweise als das mehr oder minder flüssige Hineingleiten eines unbestrumpften Klettererfußes in einen Kletterschuh vorzustellen haben. Ich habe dabei große Unterschiede bemerkt, die zunächst einmal darauf zurückzuführen waren, ob der Schlüpfende stand oder saß, was wiederum offensichtlich gelände-, ausrüstungs- und wetterabhängig ist. War das Wetter gut, der Boden trocken oder die Sportler mit Auslegeware-Resten, ganzen zimmergroßen Teppichen oder gar Crashpads ausgestattet, fand das Anziehen der Schuhe meist entspannt im Sitzen statt, während man mit dem Seilpartner plauderte oder einen Blick auf die zu bewältigenden Felsmassen warf. Die Entspanntheit ließ meist nur am Ende des Schlüpfprozesses etwas nach, wenn nämlich durch den finalen Ruck der Formschluss zwischen Fuß und Schuh hergestellt wurde. Meist verbunden mit einem durch den Austritt der Restluft verursachten, mal schmatzenden, mal furzenden auf jeden Fall in die Kategorie „durch Körperöffnungen austretende Luft – unanständig!" einzuordnenden Begleitgeräusch. Zum gleichen Zeitpunkt bemächtigt sich des Schlüpfenden im Übrigen zuweilen auch die Erkenntnis, dass wohl offensichtlich seit der letzten Pediküre schon eine gewisse und in diesem Fall zu lange Zeit verstrichen ist, und die ungestutzt wuchernden Körperauswüchse durch den hohen Anpressdruck des beschlüpften Schuhwerks das Zehengefleisch wie hörnerne Messerklingen mit peinigendem Schmerz durchdringen.

Dieser Moment ist im Übrigen in vergleichbarer Intensität auch bei der im Stehen ausgeführten Variante erlebbar, zu der man gezwungen wird, wenn keine geeigneten Sitzgelegenheiten im Einstiegsbereich vorhanden oder der Boden am Fuße unserer Tour unpässlich, also nass oder matschig ist, so dass wir einen Kontakt mit demselben hinsichtlich der Optimierung des Reibungskoeffizienten zwischen Fels und Sohle für unangebracht halten mögen. (Da hatten wir es früher leichter, als man noch mit steigeisenfesten Kastinger-Sella-Stiefeln zum Klettern ging. Da hing immer eine Drahtbürste am Gurt, mit deren Rücken man Eingetrocknetes aus den Profilen klopfte und deren drahtige Seite die Feinarbeit erledigte.) Heute ist man da Gott sei Dank meist wesentlich hygienischer, was aber oft zu merkwürdigen Hoppeltänzen beim In-die-Schuhe-schlüpfen führt: Mit einem Fuß noch in der Sandale oder dem Approach-Shoe, versucht man, je nach Alter und Geisteszustand mehr oder minder wackelig, auf einem Bein stehend mit dem anderen, baren Fuß die Öffnung des Kletterschuhs zu treffen, um, nachdem man das schließlich geschafft hat, sich mit der Tatsache konfrontiert zu sehen, dass die ganze Prozedur beim zweiten Schuh ungleich schwerer auszuführen ist, da man ja mit dem Kletterschuh nicht in die Matsche treten will und deshalb irgendwo drauf herumbalanciert.

Interessant in diesem Zusammenhang ist übrigens auch die Tatsache, dass bei Kletterern meines, vom Volksmund gern als „fortgeschritten" bezeichneten Alters weitere limitierende Faktoren bei der Steh-Variante dazukommen: Unbeweglichkeit oder zu enge Bekleidung, in einigen besonders bedauernswerten Fällen sogar beides. Letzteres kann im Übrigen sowohl an der gewählten Konfektionsgröße, als auch an der nicht zur Konfektionsgröße passenden Leibesfülle liegen. Das Schlüpfen ist sodann von einer seltsamen aber signifikanten Kurzatmigkeit begleitet und häufig merkt man dem Sportler eine gewisse Erleichterung an, wen er endlich einsteigen und sich seiner eigentlichen Aufgabe zuwenden kann.

Ich hatte ja eingangs angedeutet, dass ein an sich triviales Sujet Zitat: „ ... wenn es denn durch schicksalhafte Verkettungen zum Unguten gewendet wird, auch tragische Aspekte haben kann", Zitat Ende. Ich gehöre nicht zu denen, die ihren Lesern erst den Mund wässerig machen, um sie dann durch das Nichterzählen von Schlusspointen zu frustrieren – nein, das ist nicht meine Art. Also: Nach einem an sich schönen Klettertag im südlichen Ith waren wir schon auf dem Rückweg zum Zeltplatz, als wir am Fuße des „Teufelstrichters" auf eine Menge Kletterer stießen, die eine, wie wir erfreut feststellten, außergewöhnlich große Untermenge außergewöhnlich gutaussehender und -ausgestatteter weiblicher Exemplare ihr Eigen nannte, so dass wir spontan beschlossen, unser zwar nicht außergewöhnliches aber für die an diesem Felsen geforderten Schwierigkeiten immerhin mehr als ausreichendes Kletterkönnen umgehend unter Beweis stellen zu wollen. Lässig wurde der Seilsack an den Einstieg geworfen, die nötigen Vorbereitungen getroffen und ich stieg ein paar Meter über die Einstiegsschrofen hinauf, um mir an einem scheinbar geeigneten Platz die Schuhe anzuziehen. Ich wählte die stehende Variante und bemühte mich, auf einem Bein balancierend, so wenig wie möglich zu wackeln, um keine voreiligen und womöglich unschmeichelhaften Rückschlüsse auf mein Alter oder meinen Geisteszustand zuzulassen. Mit beiden Zeigefingern in den Anziehschlaufen zog ich schließlich kraftvoll an und ruckte, begleitet von dem weiter oben erwähnten Formschlussgeräusch, in den Schuh hinein. Dieser Ruck nun gereichte mir zum Verlust meines ohnehin recht labilen Gleichgewichtes, was nicht besonders schlimm gewesen wäre, hätte ich es geschafft, wenigstens einen der beiden Finger wieder aus den Einstiegsschlaufen herauszuziehen. Das gelang mir jedoch nicht, und so kippte ich mit an der Hacke fixierten Fingern und weit aufgerissenen Augen vornüber die Blöcke hinunter, und landete, hässliche Geräusche von mir gebend, zu Füßen der weiblichen Wesen, die ich mit meiner coolen Aktion eigentlich hätte begeistern wollen. Überflüssig zu erwähnen, dass dies auch nicht ansatzweise gelang. Selbst für eine Mitleidsreaktion waren unsere Kletterinnen offenbar bereits zu emanzipiert. Seitdem bevorzuge ich ausschließlich die sitzende Variante, auch wenn ich nur mit Männern unterwegs bin und kann dies auch anderen Bergkameraden nur dringend empfehlen.

Mit gewissem Stolz werde ich übrigens heute Abend meiner Mutter berichten, dass die Arbeit an meinem neuen Buch wieder ein Stückchen vorangekommen ist.

DAS BILD ZUM SCHPOCHT
NR. 8

Ich glaube nicht, dass er seinen Schlüssel vergessen hat.
Ich habe schon drei mal meinen Schlüssel vergessen und hatte nie Schuhe, Chalkbag oder Mütze dabei. Vermutlich will er einfach nur mal seinen Tetanus-Impfschutz ausprobieren.

DAS BILD ZUM SCHPOCHT NR. 9

Mich beeindruckt weder die Pseudohinkelsteinallee noch die Grillhütte mit Dunstabzugshaube. Und in China springen Dreijährige bereits rückwärts durch brennende Autowracks.

Fickmatten

Manchmal bekomme ich Geschenke, deren Nützlichkeit sich erst später herausstellt. Kürzlich zum Beispiel schenkte man mir zwei DVDs. Die eine hieß „Ja gut, ich sach mal..." und enthielt ein Sammelsurium bemerkenswert sinnfreier Sprüche der blödesten Balltreter, denen jemals in der Geschichte der Fußball-Bundesliga ein Mikrofon unter die Torfnase gehalten wurde. Die andere trug den Titel „palatinum", also „gaumenbein" oder so ähnlich, und entpuppte sich beim Öffnen der spacigen Verpackung als ein Bouldervideo aus der Pfalz. Ich zögerte zunächst, welche der beiden ich zuerst anschauen sollte. Die Wahl fiel schließlich auf „palatinum". Und da staunte ich nicht schlecht: Junge Männer, die aussahen, als habe man sie erst am Vortag aus einem dieser serbischen Kriegsgefangenenlager befreit, ihnen zur Begrüßung eine bunte Mütze geschenkt und dann zum Zucken in den Wald geschickt. Zucken mit Musik: Ummts-ummts!, hook!, schnapp!, patsch!, jump! Danach war mir klar: Ich musste dringend zu diesem Thema alles aufschreiben, was mich schon so lange bewegte und was durch das Betrachten der „gaumenbein"-DVD wieder aufgewühlt worden war. Ummts-ummts!

Aber das ist nicht ungefährlich! Das wurde mir eine halbe Stunde später bewusst, als ich mir „Ja gut, ich sach mal..." anschaute. Und zwar durch die mahnenden Worte Stefan Effenbergs, der als selbsternannter Medienwächter auf einer Pressekonferenz den Journalisten, die ihn ob seiner gehirnschrittmacherwürdigen Arroganz und Blödheit gewagt hatten zu kritisieren, in die Feder diktierte: „Da muss man aufpassen was man schreibt und wie man es schreibt, da muss man aufpassen! Denn ich bin einer, der lässt sich so etwas nicht gefallen – Freunde der Sonne!“ Und genau das ist es: Ich muss furchtbar aufpassen was ich da schreibe und wie ich es schreibe, denn vielleicht ist ja da draußen irgendwo ein Boulderer, stark wie ein Stier, der sich das nicht gefallen lässt – Freunde der Sonne! Und mir dann die Prügel verabreicht, die Stefan Effenberg eigentlich verdient hätte. Hmm – jedes Wort will also gut überlegt sein.

Mal gleich vorweg: Ich habe nichts gegen das Bouldern im Allgemeinen. Ich habe auch nichts gegen Boulderer. Meine Eltern haben mich schließlich zur Toleranz erzogen. Ich habe auch nichts gegen Hip-Hopper, Graffiti-Sprayer oder Snowboarder. Hip-Hopper und Graffiti-Sprayer hatten eine schwere Kindheit, Snowboarder durften nicht Skifahren lernen. Und das müssen sie schließlich irgendwie verarbeiten. Damit da nichts zurückbleibt. Also keine Arroganz, wirklich nicht! Im Gegenteil: Ich bewundere die Jungs mit den Mützen sogar klammheimlich – an was die sich alles festhalten können, irre! Wo die überall dranschnappen, rumhooken, hinjumpen und draufpatschen! Könnte ich nie! Nein, nein, Bouldern ist schon ok, und ich bin auch nicht so dumm, hier platt zu behaupten, es sei eine von den Moden, die da kommen und gehen. Etwa so wie die, sich sein Schlüsselbund an einem albernen, mit Werbung bedruckten Flachband um den Hals zu hängen. Oder die, sich sein Lieblingsgeweih nicht nur auf den Hintern, sonder auch auf die Heckscheibe des Autos tätowieren zu lassen. Oder die, beim Spazierengehen krampfhaft die Arme anzuwinkeln, so wie das im Moment zahllose mittelgereifte Frauen bei ihren Rezeptkonferenzen im Wald oder auf Fahrradwegen tun, weil sie in der „Für

Sie“ etwas von „Walking“ gelesen haben. Klar, das wird man in drei, vier Jahren natürlich nicht mehr tun, genau genommen werden es ja jetzt schon immer weniger, die meisten stolpern ja auch mittlerweile beim Gassi gehen schon über zwei Skistöcke, weil in „fit for fun“ „Nordic Walking“ propagiert wird. Klack, klack, klack!

Nein, man macht es sich wirklich zu einfach, das Bouldern als Mode abzutun. Und für eine Mode ist es ja auch schon viel zu alt, oder? Denn: Irgendwann in den 60er Jahren des vorigen Jahrhunderts, dieser Matheprofessor aus Amerika, John Gill – der hat gebouldert. Tatsache. Der hatte das alles schon drauf, Schnappen, Hooken, Jumpen, Patschen. Und der hat das damals in hässlichen Turnhosen gemacht, ohne ummts-ummts! und ohne Crashpad. Crashpads – das sind diese dicken Matten, auf die ein moderner Boulderer plumpst, wenn er‘s nicht gebracht hat. Plumps! Und die so witzig aussehen. Also nicht, wenn sie auf dem Boden liegen, nein, beim Transport, wenn man sie zum Fels trägt, zum Boulder. Dann hat man sie hochkant auf dem Rücken und sieht aus, als wenn Picasso versucht hätte, Obelix zu malen. Ein irres Bild. Vor allem wenn so ein ganzer Pulk damit durch den Wald läuft. Da wird‘s dann dunkel, da wachsen keine Bodendecker mehr, da muss man aufpassen - Freunde der Sonne. Und die Pad-o-philen müssen sich immer so komische Fragen gefallen lassen von Passanten im Wald. Wie nennt man gleich Passanten im Wald? Wanderer. Fragen von Wanderern. Die wollen doch tatsächlich wissen, was das ist. „Hey, junger Mann, was haben sie denn da auf dem Rücken?“ Solche Fragen stellen die. Zunächst hat unser Sportsfreund versucht zu erklären, ja, also, dass man die Dinger zu den Spots mitnimmt, sie dort unter die Probleme legt, damit man, wenn man bei einem harten Move abloost und der Spotter pennt, nicht so ‚nen krassen Grounder macht. Da haben die Wanderer gesagt: „Häh?!" Die haben das nicht verstanden. Schließlich kam ihm sein entnervter Kumpel zu Hilfe und sagte trocken: „Das sind Fickmatten." Das haben sie geglaubt.

Aber wie bin ich drauf gekommen? Ach ja: John Gill, der hatte keine Fickmatte. Und sah uncool aus. Aber zog in den Sechzigern schon Probleme, bei denen viele der heutigen Mützenbubis mit den Ohren schlackern würden. Wenn sie könnten. Können sie aber nicht, weil da ja die Mütze ist. „Thimble" zum Beispiel, ein, was weiß ich, 10 Meter hoher Boulder, Fb 7b, das ist der einfach wieder abgeklettert, weil er keine Matte hatte. Das ist witzig – der hatte Mathe studiert und hatte keine. Lustiges Wortspiel, das. Im Umkehrschluss entsteht ein wunderbarer Kalauer: „Was macht ein fauler Boulderer?" „Er studiert Matte!" Hihi.

Also, Bouldern ist zu alt für eine Mode! Man hat immer gebouldert. Ich auch. Ja, ich habe gebouldert. Oder sagt man: ich bin gebouldert? Egal. Gebouldert auf jeden Fall. Gut, jetzt nicht so richtig mit Mütze, ummts-ummts und Mattestudium, nein, einfach so. Eben mal schnell einen Einstieg probieren, sich an einem Wandfußquergang abarbeiten. Wenn es geregnet hat. Wenn man keinen gefunden hatte zum richtigen Klettern. Hat man halt gebouldert. Aber eigentlich bin ich Kletterer. Und das ist das interessante - heute ist man beides: Neulich las ich in einem Interview mit einem dieser Mattefritzen, er sei Kletterer und Boulderer, stopp, er sagte es umgekehrt: Boulderer und Kletterer. Was für ein Reichtum! Und da frage ich mich natürlich manchmal, wieso ich denn nicht auch Boulderer bin. Boulderer und Kletterer. Oder zumindest Kletterer und Boulderer.

Ich glaube aus dem gleichen Grund warum ich Umlenker hasse: Ich will oben sein und nicht unten. Aber eigentlich und vor allem: Unfähigkeit. Ich kann's einfach nicht. Dieses Geschnappe, Gehooke, Gejumpe und Gepatsche, dieses Verdrehen und Ägyptern, dieser ganze Seitscheiß - ich bin einfach zu doof dafür. Und zu schwach. Klar, ich bin kein Athlet, zum Bouldern muss man Athlet sein, oder? Ich bin 48. Ich habe 2002 das erste mal bewusst eingedreht. Ich habe bis zum letzten Jahr nicht mal gewusst, was ein Sloper ist. Ehrlich, 2004 musste ich's mir erklären lassen. Sloper. Was ist ein Sloper? Ein Sloper ist ein Griff, der eigentlich keiner ist. Weil sich niemand dran festhalten kann. Außer den Mützenpatschern, die müssen das unentwegt tun, denn was ist ein guter Boulder ohne Sloper. Bouldern ohne slopern geht nicht. Ja, das ist nicht nur ein Substantiv, der Sloper, sondern auch ein Verb: slopern. Also, sich an einem Sloper festhalten. Oder davon abrutschen. Mittlerweile auch als Attribut gebräuchlich: sloperig. Muss man sich mal auf der Zunge zergehen lassen: sloperig. Und komischerweise nur in positiven Zusammenhängen gebraucht: Wunderbar sloperig, herrlich sloperig, voll sloperig! Niemals: eklig-sloperig, scheiße-nur-sloperig, nix-zum-festhalten-sloperig. Sloperig ist gut. Je sloperiger desto besser. Sloperiger. Kennt dieser Komparativ auch seinen Supertlativ? Gibt's auch „am sloperigsten"? Nun, am sloperigsten ist es wohl da, wo man sich nicht einmal mehr mit Mütze festhalten kann. Oder will.

Aber auch da gibt es noch Steigerungen: In einem Boulderführer las ich neulich tatsächlich etwas von einer „geilen Sloperei". Was soll man dazu sagen? Ja, es gibt tatsächlich Boulderführer, sogar aus seriösen Verlagen. Dicke Bücher mit briefmarkengroßen Topo-Keimlingen, die verhindern sollen, dass die Jungs vor lauter Matten den Fels übersehen. Der Boulderführer – sozusagen die Blockschrift der mattemanischen Fakultät ...

Der zweite Grund, warum ich nicht bouldern kann: Uncoolness. Ich sehe viel zu bieder aus. Keine struppigen Haare, keine Mütze, keine Schlabberklamotten. Unhip, vom Petzl bis zur Vibram. Ok, ich habe mir neulich mal für viel Geld eine „E9"- Kletterhose gekauft. So eine halblange. Die könnte ich auch zum Bouldern anziehen. Aber insgesamt? Kein schöner Anblick. Im Gegensatz zu unseren bemützten Matteplumpsern. Boah, die sehen aus! Mit ihren Beanies, Tees, Pants und Nickers, das Messenger-Bag locker über die Schulter geschwungen. Und die Mädels in den süßen und schrecklich praktischen „Skinny Mini Flip Flop Womens Closeouts". Uups, mein Word gibt mir eine Fehlermeldung: „Die Liste der üblichen Englisch (USA) AutoKorrektur-Einträge ist nicht verfügbar. Dieses Feature ist im Augenblick nicht installiert. Möchten Sie es jetzt installieren?" Zunächst einmal hätte ich große Lust, ein Feature zu installieren, das solche Fehlermeldungen verhindert. Aber dann klicke ich doch auf „Nein". Also: „Skinny Mini Flip Flop Womens Closeouts". Ihr glaubt es nicht? Dann gebt mal „A5 skinny flip flop" bei google ein. Und ich habe das alles gesehen. Live. Ich war dabei. Auf einer Boulder-Modenschau im Bärenbrunner Hof. Davon muss ich erzählen.

Gleich.

Denn „Skinny Mini Flip Flop Womens Closeouts" ist ein Indikator, den ich eben noch schnell erklären muss. Ein Indikator für einen spannenden Prozess. Das Bouldern, ich sage das jetzt hier mal ganz ungeschützt, war nämlich irgendwann Anfang der 90er Jahre beinahe zum Scheitern verurteilt. Dichtgemacht, von der Outdoor-Industrie. Nicht, weil es keine Boulderer gab, nein, hab ich ja schon erklärt, die gab's immer schon. Sondern weil man sich bis dahin in den Marketingabteilungen unserer Outdoor-Ausrüsterpartner einig war: Boulderer – kann man nix dran verdienen! Haben die wirklich geglaubt, viele Jahre lang. Ist doch klar: Was braucht ein Boulderer an Equipment, um seinen Sport auszuüben? Na? John Gill: Eine Turnhose, ein paar Kletterschuhe, ein bisschen Chalk, vier Eier. Macht: 10 € für die Turnhose plus 80 € für die Schuhe (dann sind's schon gute!) plus 2 € für's Chalk plus 80 Cent, also 92,80 €. Und das hält auch noch ewig. Vollkommen uninteressant. Ok, später kamen noch Ghettoblaster und Joint dazu, weil man ja irgendeine sozio-kulturelle Klammer brauchte, mit Hilfe derer sich die Boulderer innerhalb ihrer Peer-Group identifizieren konnten. Das geht nicht mit einer Plastikturnhose. Und schon gar nicht mit vier Eiern. Aber da gab's bei „The North Face", „Prana" und Co. auch wieder ein Problem: Tüten durften, und Ghettoblaster wollten sie nicht bauen. Also Boulderer: Eine völlig unspannende Konsumentengruppe, abgehakt. Im Vergleich dazu ein Sportkletterer? Ein Alpinist? Ein Expeditionsbergsteiger? DAS sind Zielgruppen!

Bis mal so ein Marketingmensch gesehen hat, wie sich ein Boulderer in Trainingshose und Puma-T-Shirt eine alte Matratze unter sein Dachproblem gelegt hat, weil er eben nicht nur keine vier Eier, sondern auch keinen Bock hatte, sich weh zu tun. Ja, so ,ne richtig alte, versiffte Matratze aus seinem Boulderkeller hatte der mit rausgenommen zum Fels. Da hat der Marketingmensch natürlich gesagt: „Hey, den Typen können wir schicker machen und das Ding da können wir wesentlich cooler bauen als Schlaraffia!" Und zack, war das Crashpad erfunden. Und seitdem muss man diese Federkern-Milben-Mutterschiffe nicht mehr mit rausschleppen. Seitdem gibt es Crashpads. Fickmatten. Und die werden mittlerweile sogar schon in „klettern" getestet. 18 verschiedene Modelle. Ja, also, natürlich nur was die Draufplumps- und Obelix-Performance angeht, nicht das andere. Und die Matratzen fristen wieder ihren traurigen Lebensabend in den Staubhöllen unserer Boulderkeller. Boulderkeller. Gibt es ja mittlerweile schon in jedem anständigen Kletterer-Haushalt. Oder zumindest in jedem anständigen Boulderer-und-Kletterer-Haushalt. Das ist der Raum, wo man es sich besorgt, wenn niemand zuschaut. Quasi alpine Verrichtungskabinen. Habe ich mir nicht ausgedacht, dieses Wort. Gebt das auch mal bei google ein. Ist Beamtendeutsch. Stammt ursprünglich vom Kölner Straßenstrich. Dort hat die Stadtverwaltung kleine Container aufstellen lassen, Verrichtungskabinen, wo die Prostituierten mit ihren Freiern hingehen können, damit sie's nicht im Gebüsch verrichten müssen. In Hannover wurde unlängst Norddeutschlands erste Boulderhalle eingeweiht. Eine gegen Entgelt zugängliche Verrichtungseinrichtung, sozusagen eine Verrichtungsanstalt öffentlichen Schmerzes. Na, egal.

Ich wollte ja eigentlich beschreiben, wie die Marketingabteilungen plötzlich gecheckt haben, dass die Boulderer, die ja eigentlich gar nichts, also zumindest am allerwenigsten von allen brauchen, doch noch etwas brauchen könnten: Crashpads und Klamotten. Und was für schicke! Allein bei „Prana" auf der Seite gibt es 24 verschiedene Mützen! Bei „A5" immerhin 17. Aus dem gleichen Grund löst jetzt übrigens auch das „Nordic Walking" das Spazierengehen mit angewinkelten Armen ab. Weil die Konsumterroristen, die uns weismachen wollen, wir könnten unsere innere Ödnis mit dem Kauf von Dingen vertreiben, die noch sinnloser sind als unser tristes Leben, gemerkt haben, dass man bei der nordischen Variante einfach viel mehr Sachen verticken kann. Ich sah zum Beispiel bei Karstadt Nordic-Walking Anzüge für 230,- und Carbon-Stöcke für 140,- Euro das Paar. Und, wartet mal, wenn man sich's recht überlegt: klar, Boulderer brauchen eigentlich noch viel mehr als ein lausiges Crashpad und Klamotten. Ja, mehr als ein Bauunternehmen. Ihr glaubt's nicht? Marc Winter hat's mal recherchiert und mir dankenswerterweise erlaubt, es hier zu verwenden:

Was braucht der moderne Boulderer von heute: mindestens 3 Paar unterschiedliche Kletterschuhe, Magnesiabeutel nebst 2kg Nachfülltüte, Kombi-Pkw (bevorzugterweise nicht unter 180 PS, V6, 30-Ventiler, Allrad), Topo, persönliche Bouldertopliste (Projekte), Reinigungsset bestehend aus: 2 Zahnbürsten, einer groben Schuhputzbürste, wahlweise einer feineren Geschirrspülbürste, einer Teleskopstange mit oben fixierter Handbürste, einer Kupferdrahtbürste, diversen Lappen, einem Holzbock, einer ausklappbaren Alutrittleiter, eine Schaufel zum Ausgraben von Sitzstarts, Teppichfußabtreter, 2 unterschiedliche Tape-Rollen (breit, schmal), mehrere Beanies, Tees, Fleeces, Pants, Nickers, Shorts (die Farben der Saison beachten!), ein Paar Approach-Shoes, Daunenjacke (ganz wichtig!), thermonukleare Handwärmer, ein Messenger-Bag, weil ja auf dem Rücken kein Platz ist wegen der Bouldermatte (klein) und der Bouldermatte (groß) und: Joint!
Dagegen ein Bauunternehmen: ein Paar Sicherheitsschuhe, ein Hammer, 2 Kellen (eine kaputt), Zementsack 25kg, 38 3DF KS-Steine, LKW (120 PS, Diesel), Schaufel, Besen grob, Gerüst, Ausführungsplan 1:50, Bier.

So. Jetzt aber zum Bärenbrunner Hof: Dort fanden eines trüben Wintertags die „A5-Boulder-Days“ statt. Und ich war da. Ich bin da wirklich hingefahren. Eine Strecke 550 km. Freiwillig. Ich habe es keine Minute bereut, es war großartig. Das Wetter nicht: 5°, leichter Nieselregen, überall Schneematsch in den Wäldern. Niemals wäre ich auf die Idee gekommen, ins Freie zu gehen. Im Gastraum des Bärenbrunner Hofes bollerte der Ofen, es war gesteckt voll, eine Bullenhitze, einige hatten sogar ihre Daunenjacke geöffnet. Unter den Beanies der Anwesenden lief der Schweiß an den Rastazöpfen herunter. Sie nahmen sie nicht ab. Das ganze Wochenende nicht. Beim Essen, beim Schlafen, beim Rockkonzert, beim Bouldern, bei der Modenschau – immer oben mit. Vielleicht aus Angst, man könne sie am Ende doch mit einem Kletterer verwechseln. Weil es die da ja auch gibt, am Bärenbrunner Hof. Hat aber auch was Positives, man weiß gleich, woran man ist und kommt nicht auf die Idee, einen von ihnen zu fragen, was sie denn so geklettert haben. Obwohl – klettern ging sowieso nicht bei den Verhältnissen, da ging eh nur bouldern. Und das habe ich mir dann auch angeschaut, ich wollte wissen, wie das ist, ich wollte dabei sein. Also erst mal mit dem Auto stundenlang durch den Schneematsch gefahren, das Auto im Schneematsch abgestellt und stundenlang zu Fuß durch den Schneematsch gelaufen. Bis zu den Felsen. Wobei ich die gar nicht gesehen hätte, wären da nicht alle diese Matten-Obelixe vor mir plötzlich abgebogen und hätten die Pads in den Dreck geworfen. Und dann ging‘s los. Da wurde geputzt und gebürstet, Sloperkanten gepudert, Leisten mit der Drahtbürste nachgearbeitet, das Outfit gerichtet. Und dann geschnappt, gehookt, gepatscht und gejumpt, dass einem Hören und Sehen verging. Da krochen die Jungs und Mädels unter staubige, übelriechende Überhänge, unter denen ich

nicht einmal meine Notdurft hätte verrichten mögen, egal, das Crashpad hineingeschoben und hook-schnapp-jump-patsch! Bemützte Maulwürfe in gepolsterten Drecklöchern. Aber ach, unter einem garstig verkeimten Dach war die Matte zu dick, der Boulderer passte nicht in den Zwischenraum, er bekam beim Liegestart das Gesäß nicht vom Pad. Kein Problem, dick gegen dünn getauscht und schon ging's weiter. Und zu jedem Sportler gesellte sich sofort ein anfeuernder Pulk aus Daunenbejackten. Es spottete allenthalben: Die Boulderer sich gegenseitig und die Szenerie jeder Beschreibung.
Trotzdem hatte ich viel Spaß beim Zuschauen und bekam fast Lust, auch einmal mitzumachen. Also fasste ich einen Griff an, der mir aber in der Hand zerbrach, weil ich irgendetwas falsch gemacht hatte. Dann fing ich doch sehr an zu frieren und beschloss, genug gesehen zu haben. Ich musste die Scheiben vom Auto freikratzen, was sehr ärgerlich war.
Vom Rockkonzert am Abend ist mir in Erinnerung, dass ich die Jungs dann doch um ihre Mützen beneidet habe, wegen des Krachs. Es spielte eine Stromgitarren-Kapelle aus Schwaben, die das sehr gut machte.

Anderntags die Modenschau. Verrückt. Eine Modenschau im Bärenbrunner Hof. Das ist ungefähr wie eine Skateboard-WM im Petersdom. Bizarr, fremd, aber auch in ihrer Deplatziertheit wieder faszinierend. Zur Begrüßung gab es lauwarmen Prosecco - für jeden. Auch für die, die nach der Rocknacht besser noch nichts Derartiges hätten zu sich nehmen sollen. Als Laufstegersatz wurde ein Flickenteppich diagonal durch die Gaststube gerollt bis hin zur Herrentoilette, die, durch Schilder als „Backstage-Bereich" gekennzeichnet, den Models als unwirtliche Heimstatt und Wechselstube diente. Der Alex fotografierte mit schiefgehaltener Kamera, ein gewisser Herr Richelsen machte mit seinem Laptop ummts-ummts!, ein Vertriebsmensch von „A5" versuchte sich als Conférencier und kommentierte in akzentvergrautem Deutsch-Englisch die Auftritte der Modelinnen und Models. Ich verstand relativ wenig, da dieses Feature bei mir nicht installiert ist. Die Tapferkeit unserer Mützenmodelle hingegen konnte man eigentlich nur bewundern – schließlich ist es nicht jedermenschs Sache, bei 5° Außentemperatur barfuß und in Knickers oder Pants zu Ummts-ummts-Musik über einen arschkalten Steinfußboden zu laufen und dann auch noch ständig zu lächeln. Sie taten's unverdrossen und präsentierten den staunenden Prosecco-Schlürfern die neueste A5-Collection. In den Farben der Saison: Fossil ivory, ketchup, liquid blue, orchid pink... Was besonders schön war: Sie beließen es nicht beim üblichen catwalken mit Hinternwackeln, sondern stellten sich auch noch am Ende des Flickenteppichs in Boulderpose auf und pantomimten ein aufreizend-zeitlupiges Hook-Schnapp oder auch ein munter-beschwingtes Jump-Patsch, hier und da wurde auch mal ein imaginärer Luftsloper cool durchblockiert, sicherheitshalber begleitet von einem Model-Spotter mit lässig umgeworfenem Messenger-Bag. Wir hatten Spaß, doch. Applaus brandete auf und verebbte, die Musik primitivte dazu ihren Drum'n Bass durch den Äther und ich sah, wie der Geist von Reinhard Karl irritiert durch den Saal huschte und, als niemand hinschaute, den Prosecco in die Herrentoilette kotzte.

Am anderen Tag las ich, dass Stefan Effenberg von einem aufgebrachten qatarischen Fußballfan eins auf die Fresse bekommen hatte. Nun wird alles gut, dachte ich, nun wird alles gut.

DAS BILD ZUM SCHPOCHT
NR. 10

Ok - dafür dass er kurzsichtig war, konnte Jeff nun echt nichts. Aber seine Macke, jeden Griff mit Tickmarks zu versehen, hatte mittlerweile doch beänstigende Formen angenommen.

Haschisch, Bullen, Weißburgunder

„Halt, Bahnpolizei! Was machen sie da?! Kommen sie sofort da runter!"
Erschrocken schaute ich zwischen meinen Beinen nach unten. Tatsächlich: Wie aus dem nichts waren plötzlich zwei weißbemützte Cops unter der Brücke aufgetaucht. Der eine gab mir mit einer autoritären Handbewegung unmissverständlich zu verstehen, in welche Richtung ich mich zu bewegen hätte, der andere beäugte argwöhnisch Tommi, in dessen Händen das Seil ruhte, an dem ich festgebunden war. Den Griechen hatten sie offenbar noch nicht entdeckt. Der lag am Ufer der Leine, mit den Füßen im Wasser und hatte den Walkman auf, so dass er nichts mitbekam. Außerdem war er so zugedröhnt, dass die Bahnbullen vermutlich von der Schusswaffe hätten Gebrauch machen müssen, um seine Aufmerksamkeit zu erregen. Der Grieche war natürlich kein Grieche sondern hieß eigentlich Helmut Römer, ist Kennern meines bescheidenen Oeuvres vielleicht unter dem Pseudonym „Hartwig" bekannt, aber in unserem zwanghaften Wahn zur Verballhornung war er irgendwie vom Römer zum Griechen mutiert.

Um einen bewaffneten Konflikt zu vermeiden, beugte ich mich also der geballten Staatsmacht, klinkte den V-Profil-Haken, den ich gerade in einer Fuge der Sandsteinbrücke versenken wollte, an den Gurt, kletterte die drei, vier Meter wieder ab und stellte mich dem prüfenden Blick des Ordnungshüters.

„Wir sind von einem Lokführer alarmiert worden, der gesehen

hat, wie sie sich an der Brücke zu schaffen gemacht haben. Was haben sie hier zu suchen?“

Die vier Augen des Gesetzes musterten Tommi und mich, und wir konnten förmlich hören, dass es in ihren Sherrifschädeln ratterte wie in einer Lochkarten-Zählmaschine, weil sie versuchten, unser Aussehen in Übereinstimmung mit den in ihren Beamtenhirnen gespeicherten Rasterfahndungsbildern zu bringen. Nun sahen wir damals nicht wirklich vertrauenerweckend aus: Ich trug fliederfarben gefärbte Malerhosen und setzte meinen gebräunten, damals vergleichsweise zierlich wirkenden Oberkörper ungeschützt der Sonne aus, meine schulterlangen Locken wallten um ein unrasiertes Kinn. Tommi hatte einen ungepflegten Kinn- und Oberlippenbart und eine reflektierende Sonnenbrille im Gesicht, steckte in einer ehemals weißen Latzhose und einer graue Anzugweste und sah aus wie eine Mischung aus Malermeister Müller, Frank Zappa und Averell Dalton. Der Grieche schließlich, den sie immer noch nicht entdeckt hatten, war vollkommen in irgendwelches selbstgebatiktes Schlabberzeug gehüllt und sah schlicht aus wie ein ungewaschener Freak. Kurz: wir präsentierten uns in etwa so, wie sich 1980 ein einfaches Bahnbullenhirn eine Bande anarchistischer Bombenleger vorstellte.

Zu allem Überfluss hatten wir dann auch noch an einer Bahnbrücke herumgewerkelt, die die Leine in der schönen Universitätsstadt Göttingen überspannte, der Stadt in der es nach Hamburg und Berlin die meisten besetzten Häuser der Republik gab, so dass sich die beiden Ordnungshüter vermutlich wie die Hauptdarsteller bei der Vereitelung der ersten Brückenbesetzung westlich des Urals vorkommen mussten. In der Tat - das wäre keine schlechte Idee gewesen, diese Brücke in Beschlag zu nehmen, zack, ein selbstgemaltes Bettlaken aufgehängt: „DIESE BRÜCKE IST BESETZT! LEGAL - ILLEGAL - SCHEISSEGAL!“, um sie dann endlich einer vernünftigen Bestimmung zuzuführen: dem Klettern. Immerhin war sie sechs, sieben Meter hoch, aus wunderbar festem, kleingriffigen Buntsandstein gemauert, und an sich viel zu schade, um einfach nur mit dem Zug darüber zu fahren.. Ich hatte sie ein paar Wochen zuvor als potentielles Kletterziel ausgemacht und sie heute stolz meinen beiden Kumpels präsentiert. Doch nun hatten wir neben der Kleingriffigkeit der Sandsteinquader ein weiteres Problem.

„Was haben sie hier zu suchen?“ Der Polizist blieb hartnäckig.
„Och, wir wollten hier nur ’n bisschen klettern.“ Ich versuchte harmlos zu wirken.
„Das ist hier verboten. Das ist Bahneigentum. Können sie sich ausweisen?“
Wir zuckten mit den Schultern.
„Ich muss sie bitten, zur Feststellung ihrer Personalien mit auf die Wache zu kommen.“
Mittlerweile hatte sein Kollege auch Helmut entdeckt, der unter seinem Walkman trotz der krachenden Musik eingepennt war. Als der Polizist ihm auf die Schulter tippte, schrie Helmut entsetzt auf und wäre fast in die Leine gefallen. Doch sein Anblick machte offenbar auch den Polizisten etwas betroffen: Die weit aufgerissenen verkifften Kaninchenaugen, die ungebändigte Mähne, die damals schon einem Startbahn-West-Hüttendorfbewohner oder einem sich an die Schienen bei Gorleben Kettenden alle Ehre gemacht hätte: die sagenhaften Klamotten und dann noch der unglaubliche Knoblauchgestank, der ihn umgab: abschreckend. Wir stanken übrigens alle drei ziemlich

übel, Nachwirkungen des Vorabends, der noch zu beschreiben sein wird.

Zu fünft saßen wir dann wenig später in einem miefigen Polizeibüro, das auch durch unsere Anwesenheit nicht merklich besser riechen wollte, ohne dass diese Tatsache irgendjemanden der Anwesenden wirklich überraschte. Unsere Personalien wurden aufgenommen und wir wurden schneller als erwartet mit dem Hinweis entlassen, wir hätten beim nächsten Mal mit einem Ordnungswidrigkeitsverfahren zu rechnen. Offenbar war man froh, uns wieder loszuwerden.
„Und“, fügte einer der Ordnungshüter hinzu und deutete mit dem Kopf auf den Griechen, „kümmern sie sich um Gottes Willen ein bisschen um den...“ Er schien ob seines Zustandes ernsthaft besorgt zu sein. Wir versprachen es, man ließ uns gehen und hinter uns wurden die Fenster geöffnet.

Zunächst überlegten wir, wo man denn nun statt an unserer, nun ja wohl mit Kletterverbot belegten Leinebrücke klettern gehen könnte, doch schließlich besannen wir uns auf den eigentlichen Grund, warum wir in Göttingen zusammengekommen waren: Tommi und ich bildeten damals für kurze Zeit den Kern der „Klemmkeil“-Redaktion, jener legendären Jugendzeitung der norddeutschen Alpenvereinssektionen, die Ende der 70er, Anfang der 80er die braven DAV-Sektionen zwischen Harz und Wattenmeer ganz schön aufmischte. Klar, wir wollten ursprünglich eine Redaktionssitzung abhalten, Tommi war dafür extra mit seiner 2CV4-Ente aus Hannover angereist. Wieso der Grieche dabei war, weiß ich heute nicht mehr. Er war einfach plötzlich aufgetaucht, und hatte freudestrahlend verkündet, er habe geiles Zeug aus Holland gekriegt, was wir unbedingt probieren müssten. Von da an lag er immer bekifft irgendwo herum, kicherte blöd vor sich hin, dröhnte sich mit Musik aus meinem Walkman zu und quatschte wirres Zeug. Er war also keine wirkliche Hilfe, so dass Tommi und ich die Hauptlast der Redaktionsarbeit zu tragen hatten. Das Heft 4/80 stand auf dem Programm, das mit dem Muskelmann auf dem Titel. Und das Zeug aus Holland war auch nicht der Bringer gewesen, eine Erfahrung des Vorabends, doch ich muss aufpassen, dass ich nicht alles durcheinanderbringe. Ich beginne also der Reihe nach, am Freitag:

Der Vermieter meiner Studentenbude, Prof. Dr. Gunther Freiherr von Minnigerode, die deutsche Kapazität auf dem Gebiet der Tieftemperatur-Physik, ließ leichtsinnigerweise immer seinen Weinkeller unverschlossen. Ein Umstand, der die Arbeit am ersten Abend wesentlich verschönern sollte. Er bevorzugte zwar eklig-liebliche Trinkmarmeladen österreichischer Provenienz, Weißburgunder Auslese vom Weingut Pferschy-Buchgraber aus Mödling (komisch, an so einen Quatsch erinnert man sich) mit 25 Gramm Restzucker je Liter, die jedoch hinsichtlich ihrer berauschenden Wirkung durchaus mit den ansonsten von uns bevorzugten trockenen Franzosen mithalten konnten. Wir machten uns sogleich munter an die Arbeit, während der Grieche, im Schneidersitz auf meinem Bett hockend, seinen Shit zerkrümelte. Ein Grobkonzept entstand, wir überlegten, wie wir die damals üblichen zwanzig Seiten zu füllen gedachten und sortierten das uns vorliegende Material, das sich jedoch auf eine ziemlich magere Geschichte von Bernd Hönig beschränkte. Es gab also allerhand zu tun, zwanzig Seiten sind zwanzig Seiten.

Zu Beginn entwarfen wir das legendäre „Knüllich-Puberty-

Comic“, ich saugte mir die Story aus den Fingern, Tommi illustrierte sie simultan. Sie ist auch heute noch ein Highlight norddeutscher Kletter-Comic-Kultur. Irgendwann torkelte der Grieche, der mein Zimmer bereits in mächtige Dampfschwaden gehüllt hatte, an unseren Schreibtisch und kicherte uns ins Ohr, wir sollten doch unbedingt auch von diesem geilen Zeug probieren. Nun hatten mir meine Eltern irgendwann mal verboten Rauschgift zu nehmen, und ich erinnerte mich, dass ich eigentlich immer ein folgsames Kind gewesen war. Also gab ich mich standhaft:

„Nee du, lass mal,“ wehrte ich ab, „ich hab keinen Bock auf diese Kifferei.“

„Dann tu wenigstens ein bisschen was in deinen Kaffee. Das ist echt der Bringer, sollst mal sehen!“

In der Tat waren wir mittlerweile nach den österreichischen Weichmachern aus dem Hause Pferschy-Buchgraber auf löslichen Kaffee aus dem Hause Albrecht und Bruder umgestiegen. Ich gab mir einen Ruck – schließlich war ich schon groß und durfte das, und außerdem waren meine Eltern ja nicht da. Todesmutig krümelte ich etwas von dem Stöffchen in den Kaffeepott und schaute den Griechen fragend an.

„Umrühren!“ befahl er. Ich tat es, exte den Becher und wartete, dass etwas Großes mit mir passieren würde. Doch dem war nicht so. Das einzige was geschah, war, dass meine Olympia-Reiseschreibmaschine die Farbe wechselte und immer kleiner wurde. Enttäuschend. Ich bin übrigens noch heute davon überzeugt, dass man Haschisch nicht mit Kaffee einnehmen, sondern vielleicht doch besser rauchen sollte. (Warnhinweis: Probiert das besser nicht aus! Haschisch ist gefährlich! Der Genuss von Cannabis-Produkten kann schlechte Zähne verursachen und man muss ins Gefängnis, wenn man erwischt wird!)

An Einzelheiten des Fortgangs unserer Redaktionstätigkeit jenes Abends kann ich mich verständlicherweise heute, rund 25 Jahre nach den zu beschreibenden Geschehnissen nicht mehr seriös erinnern. Ich weiß nur noch so viel, dass wir irgendwann Hunger bekamen und in die Stadt zu meinem Lieblingsgriechen „Potaki" fuhren (!), der für seine Pita Gyros berühmt war. Das Geheimnis dieser Köstlichkeit war eine spezielle rote Sauce, die das ganze Gebilde süchtigmachend verfeinerte. Ich hatte an diesem Abend mindestens drei, meine übliche Ration, mit viel Zaziki. Auch Tommi ließ sich nicht lumpen. Der Grieche hingegen gab vor, wie er sich ausdrückte, „auf Fleischgenuss verzichten zu wollen" und verdrückte eine große Schale Zaziki pur. Die ortsüblichen Ouzo-Einheiten und zwei große Einbecker gegen den Knoblauch-Brand rundeten das Mahl ab. Als wir wenig später im Clochard, Göttingens legendärer Funk-Jazzrock-Disco, am Rand der Tanzfläche standen, war es so voll, dass wir keine Sicht auf die stattliche Anzahl fescher Studentinnen hatten, die dort das Tanzbein und andere Körperteile schwangen. „Wartet mal", sagte der Grieche, „ich mach' das schon." Er holte tief Luft und hauchte uns eine saubere, anderthalb Meter breite Schneise in die gaffende Menge. Wir durften nach vorne und hatten es geschafft. Der Abend wurde noch richtig schön.

Nicht so der nächste Morgen. Es dauerte nämlich eine geraume Weile, bis wir auf den Beinen waren und im Spiegel ein Bild hatten, um dann ziemlich rasch zu beschließen, dass man bei dem geilen Wetter unmöglich in der miefigen Bude hocken konnte. Wir mussten raus, wir mussten klettern! Die pflichtvergessene Redaktion und ihr irgendwie immer noch bekiffter Volontär ließen also den halbfertigen Klemmkeil in Form eines üblen Manuskript-Wustes auf dem Schreibtisch zurück und fuhr zum

Steinberg im Südharz, wo ihr die zweite Begehung von „Walking on the moon“ gelang, einem großen mit kraterförmigen Löchern übersäten Dach, dem ich in der Woche davor die erste Begehung abgerungen hatte. Ich erinnere mich noch genau, dass ich an der Schlüsselstelle damals, 1980, meinen ersten richtigen Heelhook ansetzte. Vorher natürlich ungefähr ein Dutzend falsche ... Während Tommi und ich unter dem Dach herumturnten blieb der Grieche im Auto und schnarchte laut vor sich hin. Auf dem Rückweg nach Göttingen schließlich zeigte ich Tommi, derweil der Grieche hinter uns in den Wendebach kotzte, noch meine geheime Entdeckung: die Hauwand im Göttinger Wald, wo ich mir für das kommende Jahr viel vorgenommen hatte. Doch das ist eine andere Geschichte.

Was folgte war die bereits eingangs geschilderte Episode mit unseren Freunden und Helfern von der Bahnpolizei, bevor wir uns tatsächlich für die Schlussredaktion wieder nach Hause begaben.

Aber oh weh: vor meiner Wohnungstür wartete mit verschränkten Armen ein sichtlich aufgebrachter Freiherr von Minnigerode. Er musterte meine beiden Begleiter mit aufrichtigem Entsetzen und stellte mich zur Rede: Ob ich gestern Abend in meinem Zimmer Matratzen verbrannt hätte – auf jeden Fall hätte es im ganzen Haus so gerochen. Und wer in sein Rosenbeet unter meinem Klofenster gekotzt hätte (er drückte sich natürlich einem Freiherren angemessen gewählt aus und benutzte das Verb „sich erbrechen“)? Ich tauschte mit dem Griechen einen vielsagenden Blick. Und den Wein müsse ich ihm natürlich bezahlen. Wir hatten die leeren Flaschen des Vorabends, vier Stück an der Zahl, unvorsichtigerweise vor meiner Wohnungstür stehen gelassen. Seit wie vielen Abenden ich mich denn schon aus seinem Keller bedienen würde? Hmm, er unterschätzte uns offenbar. Eine ziemlich peinliche Angelegenheit, zumal der Freiherr ein guter Freund meiner Eltern war und ich damit rechnen musste, dass diese brühwarm von den Exzessen ihres Sohnes unterrichtet würden. Um dies möglichst zu verhindern, versuchte ich so einsichtig und reumütig wie möglich zu wirken und versprach, dass ich es nicht wieder tun wolle und selbstverständlich auch gedächte, die Schweinerei aus seinem Rosenbeet wieder zu entfernen. So ließ es der Freiherr zum Glück bei einer strengen Ermahnung bewenden. Dass meine Mutter jetzt, nach einem Vierteljahrhundert, dann doch anlässlich der Lektüre dieser Geschichte von all den schrecklichen Dingen erfährt, trage ich im Übrigen mit nicht gespielter Gelassenheit.

Kleinlaut machten wir uns wieder an die Arbeit. Während der Grieche sich in meiner Küche ein Pfund Nudeln reinzog, tippten und klebten wir drauflos. Der Klemmkeil 4/80 ist dann tatsächlich noch am selben Tag fertig geworden. Und ich finde, er ist nicht der schlechteste.

DAS BILD ZUM SCHPOCHT NR. 11

Am meisten regte Hugh auf, dass das Reglement diese albernen Helme vorschrieb. Und dass er eigentlich mit Victoria zum Pizzaessen hätte gehen können.

DAS BILD ZUM SCHPOCHT NR. 12

Es wird der Tag kommen, da man Architekten, die blaue Kunststoffknöpfe an Hochhäusern anbringen ließen, zur Rechenschaft ziehen wird.

Ein Sommer mit Thommi

Frikadellen

„Nabend, sie haben da ‚ne 2CV4-Ente Baujahr 71 inseriert, die will ich kaufen. Kann ich mir die morgen um acht mal angucken?“ Thommi zog an seiner Stuyvesant, und ich quetschte mich zu ihm in die Telefonzelle, um möglichst wenig vom heftig pladdernden Frühsommerregen abzubekommen. „Nee, klar, eins-sieben ist ok, ich bringe das Geld morgen früh gleich mit.“

Thommi machte noch zwei, drei weitere Anrufe, während ich gedankenverloren durch die beschlagenen Scheiben der Telefonzelle auf das Großstadttreiben starrte. Er notierte sich die Adressen weiterer Autoverkäufer, vereinbarte Besichtigungstermine und hängte schließlich auf. „Ok, Bingel, der Urlaub ist gerettet“, strahlte er, „lass uns in den „Guten Happen“ fahren ich geb einen aus!“ Er sagte „Bingel“, weil wir untereinander aus Spaß immer im Hannöverschen Slang sprachen („Schahße: Bahde Bahne in ahnen Ahmer und kahne Sahfe!“), und da wurde eben der Bengel zum Bingel, vahs-tehße? Wie Thommis System funktionierte, woher er eigentlich immer das Geld für den Ankauf der Karren hatte und wie er, der ansonsten eher nicht durch gefüllte Portemonnaies auffallende Maschinenbaustudent, von noch nicht verdientem Geld einen ausgeben wollte, hatte ich damals zwar irgendwie nicht wirklich verstanden, aber die Currywurst im „Guten Happen“ war legendär, das wusste ich. Also gleich zwei Gründe zur Freude: Die erste warme Mahlzeit seit drei Tagen und die Tatsache, dass wir, wenn Thommi zwei seiner drei gerade mit Vorkaufsoptionen belegten Autos am Samstag wieder verkauft haben würde, tatsächlich in die Alpen zum Klettern fahren könnten.

„Du musst halt wissen, was für Karren im Moment gehen. Da kannste natürlich auch mal in die Scheiße packen, aber das ist selten", verstand ich ihn, obwohl er den Mund voller Körripommes hatte. „Auf jeden Fall habe ich mir bisher mein Studium so finanziert..." Thommi schob die Salatdekoration auf seinem Mantateller beiseite und machte mich mit dem Geheimnis seines Geschäftserfolges vertraut. Er erklärte mir, während wir das dritte Lindener tranken, sein rollierendes System, das gleichzeitig nicht nur für sein finanzielles Wohlergehen, sondern auch für den recht erfreulichen Umstand verantwortlich war, dass er immer ein Auto unter dem Hintern hatte. Der Trick war relativ einfach: Er kaufte, sich auf seinen Instinkt verlassend, welche Fahrzeuge gerade gefragt waren, ein Auto, fuhr es zwischen drei Tagen und zwei Wochen um es dann - möglichst mit Gewinn - wieder zu verkaufen. Angefangen hatte er mit einer ziemlichen „Frikadelle", so sein Begriff für Fahrzeuge, deren Zustand gerade irgendwo in diesem geheimnisvollen Stadium zwischen Gebrauchsgegenstand und Schrott angesiedelt war, einem uralten anthrazit-farbenen Daimler 200 D für 450 Mark, der vorher einem Landwirt aus Burgdorf gehört und ihm sicherlich alle Ehre gemacht hatte. Der Vorbesitzer hatte sogar seinen alten Hut auf der Ablage vergessen, die ganze Karre stank nach kaltem Zigarrenrauch und im Aschenbecher fand sich tatsächlich ein abgekauter Stumpen, so dass auf wundersame Weise alle Vorurteile, die ein Hannoveraner Autofahrer damals von einem Verkehrsteilnehmer mit dem Kennzeichen BU („Bauer unterwegs“) hatte, bestätigt worden waren: Stumpenrauchender Bauer mit Hut in einem athrazitfarbenen 200 D – perfekt! Und morgen sollte es immerhin eine 2CV4-Ente mit 34 PS sein, mit der wir dann auch unseren unmittelbar bevorstehenden Alpentrip absolvieren würden. Ich war schon ganz gespannt. Wir zahlten unsere Wurst und unsere Bierchen und fuhren zurück in die Heinrich-Heine-Straße 26, wo Thommi mit seinem Bruder Krische in einer WG wohnte.

Und das war für mich natürlich eine aufregende Sache, so eine WG. Man muss dazu wissen, dass ich erst seit kurzem dabei war, ein ziemlich bürgerliches Elternhaus Richtung große Freiheit Studentenleben zu verlassen und dass die Verhältnisse, in denen aufzuwachsen ich das von mir nicht immer als solches wahrgenommene Vergnügen hatte, mit „behütet“ keinesfalls verkehrt umschrieben waren. Und vieles von dem, was im elterlichen Kantorenhaushalt für mich noch bis vor kurzem als normal und verbindlich gegolten hatte, schien hier zumindest teilweise außer Kraft gesetzt zu sein: Man wusste nie so genau, wer denn nun eigentlich wirklich in der WG wohnte oder nur zu Besuch war, vor allem die Zuordnung der dort anzutreffenden weiblichen Wesen war nicht immer klar definiert. Im Moment war es allerdings geradezu spießig eindeutig: Thommi war mit Ingrid zusammen, Krische mit einer jungen Dame, deren Namen ich heute leider vergessen habe. Ordnung und Sauberkeit waren zudem zwei Begriffe, die einem nach dem Betreten der Wohnung nicht unbedingt sofort in den Sinn kamen, und ich kann mich noch erinnern, dass ich damals schon nicht genau wusste, ob mich das eher faszinierte oder besorgte. In der Küche kam man sich vor wie in der Ikea-Werbung: Wohnst du noch oder klebst du schon? Der Zustand des Küchentisches, an dem Thommi und ich dann wenig später saßen, ließ nämlich durchaus Rückschlüsse auf den Speiseplan der letzten 14 Tage zu, wobei auch und vor allem die Teller beredtes Zeugnis davon ablegten, welche der in diesem Zeitraum genossenen Speisen offenbar gelungen gewesen waren und welche nicht. In der Spüle hätte man übrigens den Beobachtungszeitraum noch ohne Mühe auf einen Monat ausdehnen können, was mir aber erst auffiel als ich versuchte, dort einen leergegessenen Teller zu deponieren. Überall in der Wohnung standen leere Bierflaschen herum und ich versuchte zu schätzen, wie viele volle Kästen man wohl von dem Pfandgeld würde kaufen können.

Wir begannen schließlich die Flaschensammlung behutsam um einige Exemplare Einbecker-Handgranaten zu erweitern, schmiedeten Pläne und beschrieben Zettel, Ausrüstungs- und Einkaufslisten, denn wir hatten einiges vor: Am Montag nächster Woche sollte der einwöchige Eiskurs unserer Hochtourenführer-Ausbildung auf dem Furtschaglhaus in den Zillertaler Alpen beginnen, anschließend wollten wir zusammen mit ein paar Freunden aus Hannover in die Brenta zum Klettern fahren. Ja, liebe Kinder, das machte man damals noch, in die Alpen zum Klettern fahren, dafür hatten wir ja schließlich das ganze Jahr wacker in unseren Klettergärten geübt.

„Also, Bingel", fasste Thommi zusammen: „Morgen holen wir die Ente und die beiden anderen Frikadellen ab, ummelden und so mach ich. Freitag setzen wir sie wieder in die Zeitung und kaufen den ganzen Fraß für den Trip ein, Samstag packen wir, dann verticke ich die beiden Autos wieder und du betest dass was übrig bleibt, Sonntag Morgen los, Montag Morgen da." Ich nickte. Eigentlich ein einfacher Plan, fand ich.

Am nächsten Morgen standen wir dann auf einem matschigen Hinterhof in Hannover-Linden, und Thommi kaufte die Ente, die, wäre sie aus echtem Fleisch gewesen, sicherlich ihre Ungenießbarkeit ignorierend und umetikettiert in einem Supermarkt liegend geduldig darauf gewartet hätte, Hauptdarstellerin eines Fleischskandals werden zu dürfen. Wir tauften sie auf den Namen „Goldbroiler", weil sie einen etwas undefinierbaren, aus mehreren teils offensichtlich gescheiterten Umlackierungsversuchen entstandenen, goldgelben Anstrich hatte. Für alle die nach 1980 geboren wurden: Eine 2CV4-Ente darf man sich nicht wie ein normales Auto vorstellen, so wie es heute auf unseren Straßen anzutreffen ist. Die Form glich eher einer Colani-Brotdose mit Scheinwerfern als einem Kraftfahrzeug, sie hatte ein Stoffdach zum aufrollen, was bei Sonne nett, weil offen, bei Regen jedoch blöd, weil undicht, war. Die Türen wurden mit einem einfachen Riegel verschlossen, der es an Kompliziertheit locker mit dem heute üblichen Verschlussmechanismus einer Tupperdose hätte aufnehmen können. Ihre Seitenfester waren nicht herunterzukurbeln sondern nach oben aufzuklappen, sie wedelten dann immer so lustig im Fahrtwind auf und ab, was dem Gefährt bei raschem Tempo das Aussehen eines galoppierenden Cockerspaniels verlieh. Das Klimatisierungssystem bestand aus einer einfachen Blechklappe unter der Windschutzscheibe, die man bei Bedarf aufdrehte, so dass der Fahrtwind für Kühlung sorgte, ein dazwischengesetztes Fliegengitter verhinderte Schlimmeres. Sie besaß neben der legendären Revolverschaltung auch noch eine Federung, die so weich war wie ein Entendaunen-Kopfkissen und die ihr dieses unnachahmlich schaukelnde und vermutlich auch namensgebende Fahrverhalten bescherte. Sie sei, so Thommi, wegen der schmalen und großen Räder und des Frontantriebes extrem wintertauglich, aber eben kein wirkliches

Reiseauto für die Langstrecke. Und während wir mit dem frisch erstandenen Goldbroiler zu Thommis anderen Geschäftsterminen schaukelten, überlegte ich noch, welche dieser beiden Eigenschaften sich wohl auf unserer bevorstehenden Alpenfahrt als besonders hilfreich erweisen würde.

Thommi kaufte dann noch einen weißen Ford 17 M und einen schlüpferblauen 1300er Käfer, investierte dafür insgesamt knapp 2000 Mark und ich begann beim Anblick der beiden Gefährte schon zu diesem Zeitpunkt mit dem Beten. Den Einkauf am nächsten Tag absolvierten wir bei „real". Da ich keine rechten Vorstellungen davon hatte, was man für vier Wochen Alpenurlaub so alles brauchen würde und Thommi dort einen gewissen Erfahrungsschatz für sich reklamierte, überließ ich ihm fast vollständig die Auswahl der Speisen und Getränke. Ich erinnere mich noch an mehrere Paletten „Dany mit Sahne" verschiedener Geschmacksrichtungen, wobei mich Thommi gleich belehrte, zu den Pappteilen in denen immer ein Dutzend Becher steckten, sage man nicht „Paletten" sondern „Steigen". Aha. Des Weiteren einige zwölf Packungen Homann-Eiersalat, ein ganzes Sortiment Dosenfisch in verschiedenen Tunken, zehn Pakete Toastbrot, vier Stangen Stuyvesant und eine unüberschaubare Menge Streitberg-Pils in Dosen. Zum Großteil also Sachen, die wir heutzutage als aufgeklärte und gesundheitsbewusste Verbraucher maximal noch im Kontext einer Zwangsernährung akzeptieren würden. Als wir mit unseren zwei vollen Einkaufswagen zurück zum Goldbroiler geschlingert waren, mussten wir ernüchtert feststellen, dass der Innenraum mit unseren Lebensmitteln nahezu vollständig ausgefüllt war, Thommi beruhigte mich aber und sagte er würde noch die Rückbank ausbauen und die Bierdosen alle im Fußraum stapeln, „auch wegen des

Schwerpunkts“, wie er sich ausdrückte. „Und wo packen wir die Rucksäcke und das Zelt hin?“, fragte ich noch, aber Thommi beruhigte mich: „Bingel, wirst sehn, das passt schon.“

Am nächsten Morgen folgte der zweite und mit Abstand wichtigere Teil des Frikadellen-Deals, nämlich der Verkauf. Sicherlich wären insgesamt mehr als 2200 Mark zu realisieren gewesen, wenn der blöde Magnetschalter des 17-M-Anlassers nicht genau in der Nullstellung stehen geblieben wäre. Thommi konnte zwar den Käufer mit der Gezieltheit des Hammerschlages, mit dem er unter dem Auto liegend den Motor zum Laufen brachte, beeindrucken, ihn letztlich jedoch nicht vom wertigen Gesamtzustand des Verkaufsobjektes überzeugen, so dass er schmerzliche Abstriche beim Erlös hinnehmen musste. Entsprechend gedrückt war die Stimmung beim Packen.
„Zweihundert Schienen Gewinn sind verdammt wenig für vier Wochen“, knurrte Thommi, als wir die Entenrückbank in die Wohnung hochtrugen. „Wieso, 50 pro Woche, das ist doch ok“, versuchte ich zu beruhigen und fügte ohne groß nachzudenken hinzu: „Wenn‘s eng wird kann ich dir auch was leihen“, wobei mir, ich weiß es noch wie heute, im gleichen Moment das Wort „wovon?“ durch den Kopf schoss.
Wir schafften es tatsächlich, neben den weiter oben schon erwähnten Lebensmittelvorräten unsere gesamte Fels- und Eisausrüstung, nebst Campingmaterialien wie Zelt, Isomatten, Kocher und Töpfen im Inneren der Ente zu verstauen, wobei gegen Ende des Packvorgangs das Stauen einem verzweifelten Stopfen wich und die Ente ganz schön in die Knie gezwungen wurde. Ich lud Thommi noch zu McDonalds ein und wir gingen früh schlafen, weil wir am Sonntagmorgen um sechs los wollten.

Wir kamen natürlich erst um acht los, was aber nicht weiter schlimm war. Die Sonne schien, wir rollten das Dach auf, und die Stimmung war gut. Thommi hatte einen alten Kassetten-Rekorder an das Autoradio angeklemmt, wir hörten Dire Straits und drehten die Mucke auf volle Pulle, was auch nötig war, denn der Goldbroiler war ob seines gewaltigen Schlachtgewichts nur in hohen Drehzahlbereichen wirklich zu beschleunigen. So schaukelten wir am Messegelände vorbei auf die A 7 Richtung Süden und waren guter Dinge. Das, was sich im Folgenden auf der Autobahn abspielte, ist natürlich nicht mit dem heutigen, nahezu geräuschlosen, dank kraftstrotzender Motoren sausend schnellem Dahingleiten zu vergleichen. Wenn die Tachonadel jenseits der 80 km/h-Marke zitterte, kam einem das vor, als wäre der Cockerspaniel im Begriff abzuheben, und wenn tatsächlich auf Gefällstrecken einmal 100 km/h angezeigt wurden, war das eine echte Sensation und wurde mit begeisterten „Arriba, arriba, hondred!!“-Rufen begleitet. Beim ersten Mal war ich sogar noch aufgesprungen, hatte mich auf den Sitz gestellt und meinen Jubel mit ausgebreiteten Armen in den Fahrtwind gebrüllt – mit einem doppelten Effekt: Der Luftwiderstandsbeiwert verschlechterte sich und bremste unser Brat-Entchen schlagartig ab, und der Fahrtwind riss mir die Glut von der Kippe, die nach hinten in den Stauraum gewirbelt wurde, wo sie ein Loch in Thommis Zelt brannte, doch das sollten wir erst später merken.

Obwohl Benzin damals nur 86 Pfennig (44 Cent!) pro Liter kostete, versuchte Thommi einigermaßen sparsam zu fahren und suchte wenn möglich den Windschatten von Lastern. Daher erinnere ich mich, wenn ich an diese Fahrt zurückdenke, vor allem an diese orangefarbenen Gefahrgutkennzeichen, die immer ungefähr zwei Meter vor unserer wild schaukelnden Ente hin- und hertanzten und daran, dass wir uns einen Sport daraus machten, den Fälligkeitstermin der nächsten TÜV-Untersuchung des vor uns fahrenden Brummis zu entziffern. Dass wir aber insgesamt mit den 24 Stunden Fahrzeit, die wir für unsere Anreise veranschlagt hatten, ein Problem bekommen würden, schwante uns, als wir die Kasseler Berge erreichten. Dort merkten wir nämlich, dass die von uns gewählten Windschattenspender für die Steigungsstrecken zu schnell waren und uns davonfuhren, so dass wir drohten, zu einem staumeldungstauglichen Verkehrshindernis zu werden. An der Steigung hinter der Werrabrücke kurz vor Kassel konnten wir uns noch hinter einen rumänischen Lkw retten, der den Berg wie wir nur mit ca. 20 km/h schaffte, was aber insgesamt ziemlich eklig war, da der Ostblock-Brummi mit irgendeinem grausigen Schwefeldiesel fuhr, der uns in übel stinkende schwarze Qualmschwaden hüllte. Ich schätze mal, dass das, was ich damals zwischen Hannoversch-Münden Werratal und Hannoversch-Münden Lutterberg an Feinstaubkonzentrationen zu mir genommen habe, heute für die Sperrung ganzer Ruhrgebietsinnenstädte reichen würde. Außerdem waren Sattelzüge mit „RO“ „LT“ oder „PL“ im Gegensatz zu heute eher selten. Schließlich war Rumänien 1978 noch nicht in der Nato sondern gehörte dem Warschauer Pakt an, zwei Jahre zuvor hatte man mir bei der Bundeswehr sogar noch beigebracht, mit 20-mm-Kanonen auf polnische Laster zu schießen. Ostblockgespanne waren für uns damit, zumindest auf Steigungsstrecken, eine schiere Kostbarkeit, doch da wir nicht immer einen erwischten, bewegten wir uns letztlich nicht im Enten- sondern im Schneckentempo fort. Am Rasthof

Hasselberg, also nach ziemlich genau 200 km war es Zeit für die Mittagspause.

Danach fuhren wir ohne weiteren Halt durch, wechselten beim Fahren durch und brannten einen sauberen 30er-Stuyvesant-Contest ab. Irgendwie schafften wir es tatsächlich bis an die österreichische Grenze, die wir in Kiefersfelden zu überqueren gedachten. Es war mitten in der Nacht als wir dort ankamen und es wäre sicherlich übertrieben gewesen, den Zustand unseres Gefährts und unseres Aussehens als vertrauenerweckend zu bezeichnen. Deshalb dauerte die Kontrolle länger als erwünscht und war von peinlichen, nur durch Notlügen zu beantwortende Fragen charakterisiert: „Homs wos zu verzoin? Zigretten, Schnops?“ Wir mussten unsere sauber gepackten Rucksäcke vor den Mützenträgern auskippen, weil sie darin wahrscheinlich irgendwelche unter das Betäubungsmittelgesetz fallenden Substanzen vermuteten. Sie stöberten auch in den Innereien der Ente herum, doch Thommis Packkünste hatten nicht nur für einen grandios niedrigen Schwerpunkt des Broilers, sondern letztlich auch dafür gesorgt, dass die sicherlich 50 Liter Streitberg-Billigbräu in Dosen nicht von den Zollheinis beschlagnahmt werden konnten, da sie unter dem ungeheuren Klamottenwust unentdeckt blieben.

Montag Morgen zehn Uhr war als Treffpunkt für den Aufstieg zum Furtschaglhaus vereinbart gewesen und tatsächlich: gegen 9 Uhr 40 brüllte sich der Goldbroiler im ersten Gang mit kochendem Kühler die steilen Kehren vom Breitlahner zum Schlegeisspeicher hinauf, so dass die Teilnehmer des Hochtourenführerkurses das erste Mal richtig was zum Lachen hatten, als wir dort vorfuhren. Neben Thommi und mir waren dies: Hansi,

Barni und der schon erwähnte Krische, sowie unser Bergführer und Ausbilder Luggi, die schon mit geschulterten Rucksäcken auf uns warteten.

Station römisch drei

Der Aufstieg zum Furtschaglhaus gehört zur Sorte „Ich sehe die Hütte schon seit zwei Stunden aber es sind immer noch zwanzig Kehren". Endlos. Nur nicht nach oben gucken, dachte ich und biss auf die Plomben, der Rucksack zog erbarmungslos an den Schultern, was nicht zuletzt an dem guten Dutzend Streitberg-Dosen lag, die wir uns als Belohnung nach harten Eisausbildungstagen verschrieben hatten. Zwei pro Tag - nicht gerade üppig, aber bei den horrenden Spritpreisen auf OeAV-Hütten das absolute Minimum, wollten wir nicht unser schmales Wochenbudget innerhalb von drei Tagen für Durstlöscher ausgeben. Während des Aufstiegs besprachen wir mit Luggi bereits das eine oder andere Ausbildungsthema unserer Eiswoche, genauer gesagt er sprach und wir hörten japsend zu, da die von uns hastig eingesogene Luft gerade mal dazu reichte, unsere Steigapparate am Laufen zu halten. Luggi hatte einen im Vergleich zu uns bemerkenswert kleinen Rucksack, vermutlich war er Antialkoholiker oder wechselte seine Unterwäsche nicht. Er kam glaube ich irgendwo aus dem Allgäu und sah mit seinen langen wallenden Locken und seinem hageren, fein geschnittenen Antlitz aus wie eine Apostel-Figur auf einem Riemenschneider-Altar. Wir kannten ihn bereits von der Felswoche in den Tannheimern, wo er uns „Noddeitsche", wie er uns nannte, bei eiskaltem Nieselwetter am Kellespitze-Westgrat mit den Geheimnissen der alpinen Führungstechnik vertraut gemacht hatte. Wir waren von der JDAV Norddeutschland dazu auserkoren worden, uns zu Hochtourenführern ausbilden zu lassen, um im Ith Kletterkurse und Jugendleiterschulungen durchführen zu können. Vielleicht lag es daran, dass ich nicht so recht einsehen wollte, was wir im ewigen Eis der Zillertaler Alpen zu suchen hätten, doch Luggi sagte in seiner unnachahmlich ruhigen, bedächtigen Art und mit leiser, leicht knörender Zeitlupen-Stimme: „Nja gut, i mahn, des ghert einfach dazue…" Er begann übrigens fast jede Antwort auf unsere manchmal bohrenden Fragen mit „Nja gut, i mahn…", dieser eigenartigen, sonst wohl nur bei Fußballern gebräuchlichen Floskel, die kurz nach Spielschluss zu ihrer Sicht der Dinge befragt, keuchend in ein Premiere-Mikro stammeln: „Nja gut, ich mein, es war der erwartet schwere Gegner" und die dann später von Rudi Völler zu einem hektischen „Njaguttschmein" verschmolzen wurde. Bei Luggi klang das aber immer ruhig und überlegt, und ich fragte mich, was wohl geschehen müsse, um diesen Mann wirklich aus der Reserve zu locken. Ich vermutete, dass es schon etwas im Bereich von Schlegeisspeicherstaudammbrüchen oder ähnlichem sein müsse. Am Ende der Woche sollte Krische es jedoch spielend und nur unter Zuhilfenahme eines einzelnen Sockens schaffen, aber dazu später.

Das Furtschaglhaus war gesteckt voll und man bedeutete uns, dass wir im Reserve-Matratzenlager römisch drei untergebracht waren, das wir solange für gemütlich hielten, bis uns als Mitinsassen eine zehnköpfige Gruppe des DAV Köln zugelost wurde, die im Verlauf der Woche offenbar großen Gefallen daran fand, sich so zu benehmen, wie man sich in Norddeutschland „typische Rheinländer" vorstellt. Einer von ihnen faselte den lieben langen Tag davon, dass er unbedingt auf den Großen Möseler steigen wolle, tat es aber nicht, sondern pumpte uns nur ständig um irgendwelche Eisausrüstungsgegenstände an, namentlich an unseren Salewa-Spiralzahnhaken war er brennend interessiert. Leider kann man diesen herrlichen Kölner Slang kaum in Lautschrift umsetzen, ich versuch's mal: er sagte immer „Schpirallzanhaaken". Also: Wir waren zu sechst, sie zu zehnt und das Matratzenlager war für 12 Leute ausgelegt, entsprechend kuschelig war's des Nachts und wunderbar chaotisch ging's zu, vor allem beim allmorgendlichen heiteren Klamottenraten, das man sich ungefähr wie das Wühlen an einem vollbesetzten Kaufhausgrabbeltisch vorzustellen hat.

Ansonsten vergingen die Tage ziemlich gleichförmig: Am Frühstückstisch beneideten wir, die wir uns mit acht Tage altem Kümmelgraubrot mit Marmelade begnügen mussten, unseren Bergführer Luggi um seinen Brotaufstrich, er hatte nämlich einen Sixpack verführerisch duftenden „Le Tartare" dabei („Nja gut, i mahn, des hettets a hom kenna..."). Anschließend wurden wir auf irgendwelche Gletscher verbracht, wo wir unentwegt sicherten, uns aus abgrundtiefen Spalten bargen („Nja gut, i mahn, do miaßt scho o bissl oziagn!") oder Bremsversuche im Firn hinlegten, die Außenstehende vermutlich zu der Überzeugung hätten gelangen lassen können, dass das Bremsen auf steilen Firnhängen eigentlich gar nicht möglich ist („Nja gut, i mahn, des sah mehra aus wia a Beschleunigungsvaßuch!"). Nur weniges ragt aus diesem Einerlei etwas weiter in mein Gedächtnis: Der Hüttenwirt: Er hatte einmal unmittelbar daneben gestanden, als das Seil seiner Materialseilbahn gerissen war. Das losschnellende Zugseil hatte ihn mit voller Wucht getroffen und ihm den halben Oberkörper weggerissen. Er hatte zwar wie durch ein Wunder überlebt, musste aber seitdem mit einer Lunge klarkommen.

Eines nachts nun, als es draußen erbärmlich schüttete und ich trotz Donnergeschnarches um mich herum gerade eingeschlafen war, sprang plötzlich die Tür des Reserve-Matratzenlagers römisch drei auf und der Schein einer riesigen Taschenlampe erleuchtete unsere stinkende Sardinenbüchse. Wir schreckten hoch und blinzelten in das Scheinwerferlicht. „Ichch bringch eichch nochch zwei schlankche Leit eini!" röchelte er und schob ein völlig durchnässtes Holländer-Pärchen zu uns in den Raum, wünschte noch eine angenehme Nachtruhe und verschwand.

Am nächsten Tag stand unsere große Führungstour auf irgendeinen der umliegenden Dreitausender auf dem Programm und wir sollten um sechs Uhr abmarschbereit sein („Nja gut, i mahn, seids bitte pünktlich!"). Womit wir bei Krisches zwei Problemen wären: frühes Aufstehen und Pünktlichkeit. Wir warteten also wie üblich auf ihn, die Stimmung war wegen der Vorkommnisse der vorangegangenen Nacht nicht gerade oscarverdächtig, und selbst Luggi, der Stoiker in Person, zeigte erste Anzeichen von Ungehaltensein („Nja gut, i mahn, wo bleibta jetzad?"). Als wir gerade nachschauen wollten, ob Krische auf dem Klo eingeschlafen war, öffnete sich die Tür von römisch drei, und unser Hochtourenführer-Aspirant erschien mit wirrem Haar, nacktem Oberkörper und in einer grauweißen, langen Feinrippunterhose steckend und grinste uns an. Er hielt einen einzelnen grauen Wollsocken hoch, dem man ohne Mühe ansah, dass er wohl schon einige Tage in Gebrauch war - in einem Comic wären kleine Fliegen um ihn herumgeschwirrt. Er blickte in die fassungslosen Gesichter seiner Kameraden und fragte: „Sagt mal, habt ihr ‚ne Ahnung, wo der zweite sein könnte?" Da brach es aus Luggi hervor. Er setzte demonstrativ seinen Rucksack ab, stieß seinen Pickel auf den steinigen Boden und zischte auf

Hochdeutsch: „Mensch Christian, bist du immer noch nicht fertig!“ Wir erschraken, hatten wir ihn doch eines derartigen Gefühlsausbruchs nicht für fähig gehalten.

Mir blieb es dann vorbehalten, für das zweite Highlight des Tages zu sorgen. Beim Zustieg zum Gletscher knickte ich auf einem wackelnden Moränenblock um und ein stechender Schmerz beim Auftreten signalisierte mir, dass die große Führungstour ohne mich stattfinden würde. Man beratschlagte, was zu tun sei und ich sagte, da ich das schon einmal in einem Western gesehen hatte: „Geht weiter, lasst mich hier zurück, ich komme schon klar, ich bin doch nur eine gottverdammte Last für euch!“ Doch Luggi sagte: „Nja gut, i mahn, mir san do ned im wuidn Westn“, und man beschloss, mich zur Hütte zurückzutragen. Barni erklärte sich spontan bereit und schleppte mich tatsächlich über eine Stunde auf dem Rücken zum Lager III zurück. Barni – habe ich Dir eigentlich jemals dafür richtig gedankt? Wenn nein, sei es hiermit nachgeholt.

Ich verbrachte also zwei Tage dösender Rekonvaleszenz auf Station römisch drei und durfte mehrmals am Tag live dabei sein, wenn das Holländerpärchen ungeniert und augenscheinlich nicht um seinen Ruf besorgt damit beschäftigt war, den Fortbestand der kleinen aber wackeren holländischen Bergsteigerzunft zu sichern. Das letzte, was mir von dieser Woche noch in Erinnerung ist, ist der Satz, mit dem Luggi Krische anlässlich der Abschlussbesprechung charakterisierte: „Nja, gut, i mahn, Christian, du mueßt hoid aufpossn, dosd net zu vui Zeit verlierst…“ Wir fanden alle, dass das ein schönes Schlusswort war.

Das nächste Ziel hieß Madonna di Campiglio, von wo aus wir zur Brentei Hütte aufsteigen wollten. Dort wartete schon eine Gruppe hannoverscher Alpinisten auf uns, mit der wir Angriffe auf die großen Brenta-Klassiker starten wollten. Wir kamen naturgemäß relativ spät abends in Madonna an, so dass wir beschlossen, nicht gleich zur Hütte aufzusteigen, sondern den Abend noch im Ort zu verbringen und uns nach einer Woche karger Furtschagl-Kost mal wieder so richtig den Bauch vollzuschlagen. Die Wahl fiel auf eine Bar, die neben einer einfachen aber bürgerliche Portionen signalisierenden Speisekarte als zweiten Trumpf einen Kickerautomaten aufzuweisen hatte. Ich orderte eine Portion Spaghetti bolognese und ein großes „Forst-Bräu" und ließ es mir schmecken. Nach dem Essen gingen wir gleich zum Krökeln über und wie groß der Frust nach einer Woche Matratzenlager gewesen sein muss, konnte man ohne Schwierigkeiten an der Wucht ablesen, mit der wir die Plastikkugeln gegen die Bande droschen. Einmal musste die Chefin des Lokales sogar einschreiten: „Piano, piano! Non rompere, prego, he!?" Als ich später meine Rechnung bekam, erschrak ich. Zunächst einmal, weil man damals bei der ersten Rechnung in Italien immer erschrak – vier bis fünfstellige Lirebeträge! Aber auch, als ich mir die einzelnen Rechnungspositionen anschaute und feststellte, dass man mir neben der Pasta und den drei Halben „Forst-Bräu" ein sogenanntes „Coperto" berechnet hatte, den ich mich jedoch nicht erinnern konnte, vertilgt zu haben, und der in etwa genau so teuer war, wie das, was ich für die Spaghetti zu berappen hatte. Krische konnte zum Glück etwas italienisch und klärte mich auf, dass „Coperto" „Gedeck" bedeutete, was mir diesen Rechnungsposten zwar verständlich aber nicht nachvollziehbar machte. Mit Hilfe von Krisches Dolmetscherkünsten versuchte ich vergeblich, der gelangweilt mit den Schultern zuckenden Wirtin klar zu machen, dass das Bereitstellen eines „Gedecks“, also vermutlich eines Tellers, nebst Gabel und Löffel sowie einer darunter befindlichen Plastiktischdecke nicht nur zur kultivierten Einnahme von Pastagerichten üblich, sondern ja auch zur Vermeidung einer Riesenschweinerei und damit zusätzlichen Reinigungsaufwandes im Interesse des Hauses sei – die Patronin ließ sich nicht erweichen und wir mussten zahlen.

Am nächsten Morgen beluden wir die Rucksäcke mit unserer Felsausrüstung und dem gesamten verbliebenen Proviant, da wir den Aufenthalt an der Brentei-Hütte auf vierzehn Tage veranschlagt hatten. Während ich diese Zeilen schreibe fällt mir auf, dass man sich Ende der Siebziger offenbar noch keine allzu großen Sorgen um die Haltbarkeit von Lebensmitteln machte. Unsere Eiersalatpackungen und Schokodesserts zum Beispiel waren ja wohl vernünftigerweise in die Kategorie „empfindlich“ einzuordnen und hatten immerhin schon eine ganze Woche auf einem zillertaler Parkplatz in der prallen Sonne hinter sich. Egal, wir packten alles ein, schnallten noch zwei Seitentaschen dazu und das Zelt quer obenauf - Krische hatte uns den Tipp gegeben, er befürchtete, dass die Brenteihütte brechend voll sei. Wir folgten seinem Rat, nicht zuletzt weil uns die Eindrücke aus der Baracke römisch drei noch allzu gut im Gedächtnis waren. Ich schätzte das Startgewicht unserer Beutel schließlich auf runde dreißig Kilo, entsprechend unelegant gestaltete sich der Aufstieg zur Hütte, lediglich unterbrochen von einer kleinen Abwechslung, als uns eine Italienerin im Abstieg entgegenkam, die ebenfalls einen riesigen Rucksack auf dem Rücken trug und auf der anderen Seite mit zwei erstaunlichen Brüsten ausgestattet war. Krische bliebt zunächst mit aufgeklappter Kinnlade stehen, um dann auszurufen: „O, que bello equilibiro - welch schönes Gleichgewicht!“

An der Hütte angekommen stellten wir fest, dass diese entgegen Krisches Annahme so leer war wie ein Staatssäckel und wir zumindest unser Zelt vergeblich heraufgeschleppt hatten. Trotzdem gesellten wir uns mit unserer Stoffhütte zur kleinen hannoverschen Zeltstadt, die sich unweit der Hütte gebildet hatte und schmiedeten Pläne. Krische wollte gleich am nächsten Morgen auf den „Campanile Basso“ steigen und zwar über die „Fehrmann-Verschneidung“, Thommi war dabei, aber mir ging das alles zu schnell. „Jungs, ich glaube, ich mache mal einen Ruhetag und stoße dann morgen dazu, geht ihr mal los!“ Das taten sie auch früh am nächsten Morgen und während ich auf ihre Rückkehr wartete, fing es an zu regnen und ich entdeckte genau über meinem Gesicht das Loch, dass ich auf der ersten Schussstrecke bei Northeim-Nord in Thommis Zelt gebrannt hatte. Thommi und Krische kamen ziemlich nass vom Campanile zurück und des Nachts pladderte es munter auf die Zeltplane. Also wurde es am nächsten Tag nichts mit dem Klettern und auch nicht am übernächsten und erst recht nicht am überübernächsten. Um in den Zelten nicht vollkommen durchzuweichen, vergammelten wir die Tage rotweintrinkend, spaghettiessend und copertobezahlend in der Hütte, die Stimmung jedoch wurde zunehmend gereizter, wir stritten uns ständig wegen irgendwelcher Nichtigkeiten. Krische wollte unbedingt noch weiter warten, weil er glaubte das Wetter würde besser, wir jedoch hatten den Glauben an den Sommer auf der Südseite des Alpenhauptkammes verloren und wollten weg. „Lass uns auf die Nordseite fahren“, schlug ich vor, „in den Wilden Kaiser, wenn's hier regnet, muss es da eigentlich gut sein…"

Auf der Flucht

Also stopften wir am Tag darauf unsere tropfnassen Zelte in die Säcke, schleppten das meiste unserer Vorräte wieder runter zur Ente und trieben das arme Tier in einem Parforceritt über den Brenner. Im Inntal mussten wir uns dann eingestehen, dass unsere Theorie „Südseite schlecht, Nordseite gut" offenbar einer Evaluation nicht standhielt und so wurde das Ziel Wilder Kaiser kurzerhand verworfen. „Was machen wir'n jetzt?", fragte Thommi, „wir können doch jetzt nicht einfach so nach Hause fahren!" Ich gab ihm recht. „Lass uns mal sehen, dass wir aus dem ganzen Alpenschlamassel rauskommen. Was hältst du von Altmühltal?" „Geile Idee," sagte Thommi und wir hatten ein neues Ziel. Irgendwo kurz hinter der deutsch-österreichischen Grenze mussten wir dann übernachten, ich blieb einfach auf dem Beifahrersitz hocken und schlüpfte in meinen klammen Daunenschlafsack, Thommi bemühte ein altes Bushäuschen, was sich aber als so undicht erwies wie die Stelle in einem Ministerium, von dem es in den Nachrichten heißt, es habe eine undichte Stelle. So verbrachten wir also die Nacht zu zweit in der Enten-Tropfsteinhöhle, erschraken bei jedem Laster, der aufgeblendet an uns vorbeidonnerte, und versuchten krampfhaft, eher einzuschlafen als unsere Pobacken.

Auf dem Weg ins Altmühltal wurde das Wetter tatsächlich schön, und wenig später bauten wir gut gelaunt unser Zelt auf einer Wiese nahe des namensgebenden Flusses am Fuße der

Kastlwand auf. Um uns herum steile Kalkfelsen, denen wir alsbald zu Leibe rückten. Wir konnten einige sehr schöne Routen klettern und bestaunten die üppige Anzahl solider Bühlerhaken, die man hier vorzufinden das Vergnügen hatte, waren doch unsere norddeutschen Ithfelsen zu diesem Zeitpunkt noch vornehmlich mit gammeligen Rostgurken ausgestattet. Wir verbrachten einen schönen Abend in einer nahegelegen Kneipe und erst kurz vor dem Einschlafen bemerkte ich, wie die ersten Tropfen auf unser Zelt trommelten. Dieses Trommeln sollte die ganze Nacht anhalten und vor allem unaufhörlich an Intensität gewinnen, was dazu führte, dass wir am anderen Morgen beim Öffnen des Zeltes unvermittelt Besuch von der Altmühl bekamen, die bereits einen großen Teil der Wiese unter Wasser gesetzt hatte. Also nichts wie weg hier! „Lass uns in den Ith fahren", sagte ich resignierend, „schlechter als hier ist es da auf keinen Fall, außerdem sind meine Eltern im Urlaub und wir können bei uns in richtigen Betten pennen!" Das überzeugte Thommi, und wir traten den Vogel zurück nach Hildesheim. Wir hängten unser Zeug zum Trocknen auf den Boden, verbrachten zwei Tage damit, den Kühlschrank meiner Eltern leer zu fressen, in Kneipen herumzuhängen und beim Italiener an der Ecke copertofreie Pizza in uns hineinzustopfen. Das einzige was sich nicht änderte, war das Wetter. Wir lagen vor dem Fernseher herum und hatten uns fast schon an die Biersorte meines Vaters gewöhnt (ich glaube er trank damals „Dortmunder Union" Exportbier) als im Wetterbericht ein „Hochdruckgebiet im Westen" angekündigt wurde. So kamen wir rasch überein, zum Klettern ins belgische Freyr zu fahren. Das Zelt war inzwischen tatsächlich trocken geworden.

Freyr

Alle diejenigen Leserinnen und Leser, denen das Wort „Freyr“ nichts sagt, werden vermutlich jemanden, der sagt, er führe zum Klettern nach Belgien, für vermindert schuldfähig halten und ins Feld führen, Belgien sei zwar für seine Fritten-Küche und manch unappetitlichen Skandal bekannt, jedoch könne man sich nicht erinnern, dass dieses kleine Land jemals für seine Gebirgigkeit oder gar seinen Felsreichtum gepriesen worden sei. All jenen Unwissenden möchte ich hier ein fröhlich-helgesches „Falsch, popalsch!“ zurufen. Denn an den Ufern von Maas und Ourthe findet sich manch schmuckes Stück Fels von erlesener Qualität und beachtlicher Höhe, die aufzusuchen für uns norddeutsche Kletterer seit Mitte der sechziger Jahre eine der schönsten Osterbräuche darstellte. Wir wussten also was uns erwartet: Bis zu 100 Meter hohe Kalkwände mit atemberaubend ausgesetzten und schwierigen Klettereien. Wir schmissen unser Zeug wieder in die Ente und unser restliches Geld zusammen, und stellten fest, dass der dadurch entstandene Haufen durchaus als überschaubar zu bezeichnen war. Trotzdem fuhren wir noch am selben Tag los und erreichten Freyr im Sonnenuntergang. Auf dem Zeltplatz waren alle da, die sonst auch immer da waren: Majestix, der Kassierer des „Club Alpin Belge“, der jeden Morgen zu unmöglichen Zeiten die Zeltplatzgebühr eintrieb, Einstein, der wirklich aussah, als habe man den großen Physiker in eine Adidas-Trainingshose gesteckt, und natürlich „das Tier“, eine Frau, die sich nicht nur durch ihr burschikos-maskulines Auftreten und ihre mit „herb“ eher schmeichelhaft umschriebene Schönheit, sondern vor allem durch ihr sagenhaftes Kletterkönnen bei uns einen nahezu mythischen Ruf erworben hatte. Sie waren eigentlich immer da, wenn wir da waren, man kannte und grüßte sich. Wir zogen den Zeltplatz der alten Selbstversorgerhütte vor, die wir mittlerweile wegen des unbeschreiblichen Drecks und des Rußgestanks mieden. Früher hatten wir dort häufiger genächtigt und bei Schlechtwetter im Kamin legendäre Müllfeuer abgebrannt, einmal verheizten wir die alte Schaumstoffmatte, auf der der Grieche immer schlief, die dann mit einem schwarzen Fallout die nähere Umgebung der Hütte verdunkelte. Was Zeltplatz und Hütte gemein war, war das Fehlen jeglicher sanitärer Einrichtungen. Einige behalfen sich im „Chamonix", der legendären Klettererkneipe auf der anderen Seite der Landstraße, deren Toilette vor allem zu österlichen Stoßzeiten und namentlich bei Schlechtwetter binnen kurzem einen Zustand erreichte, dessen Beschreibung ich den Lesenden mit Rücksicht auf eine eventuell kurz bevorstehende Mahlzeit lieber vorenthalte. Andere verzogen sich mit einer Rolle Klopapier in den nahen Wald, in dem man ganze Bereiche eigentlich guten Gewissens nicht mehr betreten konnte.

Trotz dieser Widrigkeiten hatten wir unsere Aufenthalte in Freyr immer genossen, verbrachten heiße Tage am Fels und tranken in der kleinen Bierbude, deren Fußabtreter quasi den letzten Griff der Touren am „Al'Legne"-Fels darstellte, unser „Dinant-Pils", das so kalt war, dass einem die Jacketkronen platzten. Was aber Freyr so besonders spannend machte, war die Tatsache, dass wir außerhalb unserer heimischen Ithfelsen, in denen das Rotpunkt-Klettern gerade hoch im Kurs stand, endlich einmal ungeniert und vor allem unbeobachtet in die Haken greifen konnten und somit in Wandbereiche vordrangen, die wir damals in freier Kletterei niemals erreicht hätten. Vor allem am „Rocher du Pape", einem weit überhängenden 65-Meter-Felsen direkt am Fluss, gab es einige Abenteuerrouten, die bei uns ganz hoch im Kurs standen: „Le Pape", „La Hermann Buhl" und „Les Tourtereaux". Man kletterte sie so gut es ging frei, griff aber an den Schlüsselstellen beherzt in die Haken, was aufgrund der Glätte des Gesteins an einigen Stellen dazu führte, dass man sich in einer artistischen Übung nicht nur am Haken hochzog, sondern gleichzeitig auch den Fuß auf den Haken schwang um sich dann in einem kippeligen Gleichgewichtsakt auf ihm aufzurichten. „Draufschwingen" hatten wir diese Technik getauft und Thommi und ich hatten uns innerhalb unserer Peergroup den Ruf erworben, es mittlerweile zu einer gewissen Draufschwing-Meisterschaft gebracht zu haben. Nur ganz selten mussten wir mal eine Trittschlinge einhängen und empfanden das durchaus als Niederlage, heute vergleichbar mit dem Ausruhen in einem Haken einer Freiklettertour.

Am „Rocher du Pape" gab es aber noch eine Tour, in die wir uns noch nicht getraut hatten: „Le Z". Hier war laut Führer der Einsatz von zwei Trittleitern obligatorisch, die wir diesmal dabei hatten. Wir saßen mittags beim Pils vor der Bierbude und hatten schon zwei Wege hinter und drei Glas in uns, als Thommi plötzlich „Le Z" ins Spiel brachte. „Was meinste, Bingel, das wär‘ doch der Kracher, wenn wir nach Hannover kommen und fragen Krische, was er gemacht hat, und er sagt dann „Franzosen-Pfeiler" oder „Cima-Tosa-Eisrinne" oder so‘n Schrott, und wir können sagen ‚Toll - aber mach ersma „Le Z"'! Dann guckt der blöd, wetten?" In der Tat hatte es in den letzten Jahren einen ziemlichen Konkurrenzkampf zwischen Krische und uns gegeben, wer die wildesten Routen in Freyr abzog, und mit „Le Z" würden wir für längere Zeit erst einmal die Nase vorn haben, das war klar. Also nichts wie hin! Rasch tranken wir aus, zahlten, liefen zur Ente, behängten uns mit unseren Leitern und ungefähr vierzig Karabinern und stolperten den steilen Hang hinunter zum Einstieg.

Dort ging es gleich richtig los: Eine steile Platte, eine Verschneidung mit nur wenigen Haken, wo man schon ganz schön schwer klettern musste, dann der erste Stand unter dem riesigen links aufwärts ziehenden Dach. Die zweite Länge sollte ich vorsteigen: Zunächst arbeitete ich mich unter dem Dach ausgesetzt weiter nach links, dann kam der große Überhang, das war wohl die Stelle, wo man die Leitern einsetzen musste. Ein letzter Blick zurück zu Thommi, gleich würden wir uns aus den Augen verlieren, und wir besprachen noch unser Zeichen, wenn ich Stand gemacht haben würde und wir uns nicht hören könnten: dreimal kurz am Seil rucken. OK, alles klar und los! Ich baumelte mich mit den Leitern über das Dach und klinkte den Fiffi in den letzten Haken am Überhang. Mit zwei kleinen Griffen konnte ich mich ziemlich wackelig in der obersten Sprosse aufrichten, stand nun oberhalb des Daches und kletterte ein paar leichtere aber ungesicherte Meter hinauf. Wo kommt der nächste Haken, Mann, wo ist der, scheiße, hier sind keine Haken mehr!! Oh nein, die Tour war offensichtlich nach dem Dach ausgenagelt oder freigestürzt worden, wo ich hinschaute: graugelbe, unstrukturierte Platten. Gleichzeitig bemerkte ich den brutalen Seilzug, der mittlerweile durch den rechtwinkligen Seilverlauf unter dem Dach und die vielen Zwischensicherungen entstanden war, die letzten Haken hatte ich außerdem nicht ausreichend verlängert, was sich nun rächte. Das Herz verschwand vollständig in meiner Trainingshose: Meine Güte, da steckt tatsächlich nichts und ich hatte außer ein paar Alibi-Keilen nichts weiter mit als eine handvoll Karabiner-Pärchen. Zurück ging keinesfalls, also hinauf! Oh, mein Gott, wenn ich jetzt hier abfliege dann mache ich einen Riesensatz über das Dach ins Freie und hänge irgendwo über dem Wasser, schoss es mir durch den Schädel. Aber nur wenn die Haken halten, ergänzte meine volle Hose treffend, sonst machst du mit deinem ganzen Geraffel am Balg einen sauberen Köpper! Ich versuchte mich zu beruhigen und erinnerte mich, dass der nächste Stand ziemlich genau über mir und vielleicht zehn Meter entfernt war. Also: zehn Meter ungesichertes Klettern in wer weiß was für einem Schwierigkeitsgrad, und das mit diesem Mörder-Seilzug. Verzweifelt riss ich ein paar mal am Seil, das sich kaum bewegen ließ. Da hörte ich Thommi aus der Ferne: „Hast du Stand?!" „Nein!!" schrie ich, mach keinen Scheiß!!" Thommi schrie irgendetwas zurück, was ich aber nicht verstand, weil unter uns gerade ein Kohlefrachter über den Fluss fuhr. „Ich geh weiter, sicher mich!" brüllte ich – keine Antwort. Hat er mich jetzt noch drin, oder nicht? „Thommi!!!" Keine Antwort. Egal, ich stieg los. In meinen Ohren pochte der Puls, Sterne tanzten vor meinen Augen und die Atmung ging keuchend und laut.

Ich weiß heute nicht mehr, was auf diesen zehn Metern zum Stand passiert ist. Thommi sagte mir später, er habe mich, und er sei sich da sicher, deutlich nach meiner Mutter rufen hören. Als ich am Stand ankam, ruckte ich dreimal am Seil und sicherte Thommi nach. Nie werde ich seinen Blick vergessen, als er über die Dachkante kam und das bis zum Stand frei hängende Seil sah. Die beiden letzten Längen bemerkten wir eigentlich gar nicht mehr richtig, obwohl ganz oben noch die Freikletter-Schlüsselstelle wartete, aber die kannten wir schon von einer Begehung des „Pape".

Ach ja: Auch von „Dinant-Pils" kann einem übrigens schlecht werden.

Ich muss dann noch kurz erzählen, wie ich es schaffte, den Urlaub endgültig zu beenden. Es war an der „Al'Legne", dem höchsten Felsen in Freyr, wo wir den gewaltigen „Pilastre" klettern wollten. Die Schlüsselstelle ist ein überhängender Handriss, an dessen Beginn ein einzelner Haken steckt, dessen Ring eine merkwürdig längliche Form hatte, wie uns auffiel. Als Warnung fassten wir die Verformung dieses Sicherungsmittels jedoch nicht auf, was wir besser getan hätten. Nach dem Ring kam bis zum Stand auf dem Pfeiler nichts, man hätte nur mit großen Hexcentrics oder Friends sichern können, doch die hatten wir nicht dabei. Ich stieg also einfach so weiter, verkasperte mich dann aber irgendwie im Riss, die Kraft ging mir aus und wenig später spuckte mich der Riss in den Wind. Der Flug führte wegen des überhängenden Geländes schön ins Leere, es wäre also alles gut gewesen, wenn ich Idiot nicht in das umgelenkte Seil gegriffen hätte, das mir zum Dank die Haut von der Innenfläche der linken Hand brannte. Auch hier ist abermals das „Dinant-Pils" zu preisen, und zwar in zweifacher Hinsicht: Die enorme Kühle des Glases gereichte mir zur äußerlichen Linderung, die narkotisierenden Inhaltsstoffe leisteten von innen ganze Arbeit. Aber, was half's, aus, vorbei! Wir mussten zurück nach Hannover. Dort trafen wir Krische, der stolz erzählte, er habe den „Franzosenpfeiler" und die „Cima-Tosa-Eisrinne" gemacht. Geil, der Triumph war unser, ein echtes Happy-End.

Wenig später verkaufte Thommi die Ente mit 100 Mark Gewinn. Heute wohnt er am Bodensee, lässt in China Jacken zusammennähen und fährt glaube ich einen Espace, der Kinder wegen. Als wir neulich telefonierten konnte er sich übrigens an viele Details dieser Geschichte besser erinnern als ich. Das mit dem „Coperto" zum Beispiel hatte ich vollständig vergessen.

DAS BILD ZUM SCHPOCHT
NR. 13

Öffentliche Pädagogische Arbeitstage des Bundes der Freien Waldorfschulen in Wanne-Eickel, 7. – 13. Juli 2005: “Ich setzte meinen Fuß in die Luft und sie trug! Nur was ich tue, geschieht.“

DAS BILD ZUM SCHPOCHT NR. 14

Vor allem Kai war immer ganz spontan und unbefangen. Ohne lange zu überlegen sprang er ab. Uwe zögerte einen Moment. Doch dann gab auch er sich dem Rausch der Tiefe hin.

Von Eskimos und Riesendrehorgeln

Du erinnerst dich sicher: Auf meiner Geburtstagsparty hattest du fasziniert vor meinen Kletterbildern gestanden und die üblichen Fragen gestellt: Ob ich für die Eigernordwand übe (haha!), wie man denn die Eisen in die Wand schlüge (soso!), ob das nicht furchtbar anstrengend sei (auweia!), rauf könne er sich ja noch vorstellen, aber runter (grusel, grusel!)? Ob ich jodeln könne (hihi!), und ob mein großes Vorbild wohl Luis Trenker sei oder dieser Reinhold Messmer, (höhö!)? Und du ließest natürlich auch keinesfalls den bereits von mir erwarteten Hinweis vermissen, du seiest nicht schwindelfrei und überhaupt, da brauche man doch bestimmt viel Kraft in den Armen. Ich antwortete geduldig auf deine Fragen und entkräftete die üblichen Vorurteile und Zerrbilder, und hoffte insgeheim, dieses Gespräch genau so schnell und schmerzlos beenden zu können, wie dutzende gleichartige vorher, die zu führen man mit nicht kletternden Freunden, Kollegen, Verwandten oder an Wandfüßen und picknickplatz-versehrten Gipfelplateaus lauernden Wanderern schon viel zu oft das zweifelhafte Vergnügen hatte.

Doch im Verlaufe des Gesprächs bemerkte ich erfreut, dass dein Interesse ein ehrliches und über ein Der-Gast-interessiert-sich-gelangweilterweise-für-die-in-der-Wohnung-seines-Gastgebers-aufgehängten-Bilder-Interesse hinausgehendes war. Es entspann sich eine durchaus angeregte Plauderei, im Verlaufe derer wir unter anderem erörterten, die Tatsache sei ja wohl zwischen bemerkenswert und verwunderlich einzuordnen, dass die Gegenwartswahrnehmung des Klettersportes durch die nichtkletternde Allgemeinheit immer noch von der Trenker- und Jodelfilm-Epoche geprägt werde, und offenbar sogar der populärste aller Bergsteiger selbst von durchaus interessierten Zeitgenossen nicht richtig beim Namen genannt werden könne, es hieße nämlich Messner und nicht Messmer! Diese Korrektur ließ ich dir dann doch angedeihen und du schienst sie nicht als beleidigende Besserwisserei sondern als gutgemeinten Horizont-Erweiterungsversuch aufzufassen, wobei ich gleich einschränkend hinzufügte, dass man sich die, durch die fehlerfreie Aussprache des Namens jenes Südtirolers gewonnene Horizonterweiterung nicht all zu groß vorstellen dürfe. Du haktest nach und gabst mir zu verstehen, dass sich das ein wenig so anhöre, als sei mein Verhältnis zu jenem erfolgreichen Höhenbergsteiger als „durchaus kritisch" zu bezeichnen. Ich bejahte das und lieferte dir auch die eine oder andere schlüssige Begründung für meine Ansicht. Das sei interessant, fuhrst du fort, weil ja doch die öffentliche Wahrnehmung dieses Mannes eine andere sei, aber du wissest im Übrigen sowieso viel zu wenig über „so eine exotische Sportart" wie du dich ausdrücktest, als dass man das, was du darüber zu äußern in der Lage seiest, anders als „laienhaftes Geplapper" nennen könne. Meinen Einwand, dass in meinen Augen zum Beispiel Rollkunstlaufen oder Unterwasserbasketball nicht minder exotisch seien, ließest du gelten, was mich nicht wirklich überraschte. Meinen halbernst gemeinten Vorschlag, du mögest mich doch einmal während einer Kletterausfahrt an die heimischen Ithfelsen begleiten, um dir nicht nur zuschauend sondern auch als aktiv Sportausübender ein eigenes Bild machen zu können, stimmtest du spontan zu, womit ich nun wiederum nicht gerechnet hatte. Lediglich Bergschuhe und „Gurtzeug" müsse ich dir besorgen, dann könne es deinetwegen losgehen.

Auf der Fahrt in den Ith fragtest du mich, wie oft ich denn so zum Klettern führe und als ich dir antwortete, dass ich in diesem Jahr ungefähr 60 Klettertage würde absolvieren können, wandtest du ein, dass dies ja auch aus logistischer Sicht nicht völlig unaufwändig sei, selbst wenn man, wie ich vorher nicht ohne Stolz reklamiert hatte, nur ungefähr 30 Kilometer vom Sportgerät entfernt wohne. Und so schwenkten wir zum ersten Mal kurz zum Thema „Bergsteigen und Naturschutz" und es fiel mir unerwartet schwer, deinem Einwand zu begegnen, dass vermutlich die Ökobilanz von Rollkunstläufern oder Unterwasserbasketballern unter der Voraussetzung günstiger sei, dass sie ihren Wohnort nicht weiter als 30 Kilometer von einer Sport- oder Schwimmhalle entfernt gewählt hätten. Ich erinnere mich noch deutlich, dass ich für den Rest der Anfahrt geschickt das Thema wechselte und dir einen kleinen Abriss der erdgeschichtlichen Entstehungsgeschichte unserer heimischen Kletterfelsen gab, was erfreulicherweise deine ungeteilte Aufmerksamkeit fand.

Als wir auf dem Parkplatz des Ith-Zeltplatzes ankamen, fielen dir als erstes die zahlreichen holländischen Kleinbusse mit „Avis-Autoverhuur"-Aufklebern ins Auge. Die Konversation machte einen kurzen, die durch die holländische Bezeichnung für „Autovermietung" ausgelösten assoziativen Kräfte nutzenden frivol-humoresken Schwenk, der dann aber schließlich in deine Frage mündete, warum denn so viele niederländische Bergfreundinnen und Bergfreunde ausgerechnet hier ihrer Freizeitbeschäftigung nachgingen. Meine Antwort, dass das eventuell daran liege, dass die Natur die Heimat der Fraglichen nicht gerade üppig mit Erdaufwölbungen jeglicher Art, geschweige denn mit solchen, deren Ränder mit einigermaßen harten, felsähnlichen Gebilden versehen seien, ausgestattet habe und dass die Friesenvölker auf der Suche nach diesen naturgemäß nur nach Süden oder Osten hätten voranschreiten können, ohne den Ertrinkungstod fürchten zu müssen, befriedigte dich augenscheinlich nicht. Das Problem sei aus deiner Sicht nicht, dass sie in der näheren Umgebung ihrer Heimat keine Felsen fänden, sondern dass sie diese Tatsache nicht einfach bei der Wahl ihres Lieblingssportes berücksichtigten. Schließlich kämen Eskimos ja auch nicht auf die Idee, sich zu Unterwasserbasketballern oder Rollkunstläufern ausbilden zu lassen. Die geomorphologischen und klimatischen Gegebenheiten ihrer Heimat zu akzeptieren, sei schließlich im übrigen auch über viele Jahrtausende einer der Garanten für das Überleben ihrer Stämme gewesen. Ich entgegnete, dass ich mir trotz des Umstandes, dass auch gelegentlich einmal ein Niederländer beim Bergsteigen abstürzend sein Leben verlöre, ich mir keine ernsthaften Sorgen über den Fortbestand dieses wackeren Völkchens mache. Im Gegenteil – wenn man die Zahl der „Autoverhuur"-Busse auf dem Parkplatz und der von Holländern annektierten Ithfelsen über einen längeren Zeitraum betrachte, so könne man daraus keineswegs den Schluss ziehen, die Zahl derer, die sich dieses exklusive Hobby gönnten, sei rückläufig. Schließlich akzeptiertest du dieses Argument, nicht zuletzt, nachdem du die vielen deutschen Kennzeichen hanseatischer und schleswig-holsteinischer Provenienz auf dem Parkplatz bemerkt hattest, für die dein oben gemachter Einwand ja eigentlich auch zutraf. Du vollzogst also in Gedanken die Anreise unserer holländischen Freunde nach und schlossest darauf, dass es in Nordrhein-Westfalen offenbar auch keine Felsen gäbe, was ich jedoch verneinte und ergänzend hinzufügte, dass die allermeisten der dort gelegenen Felsen für das Klettern gesperrt seien. Als ich auf deine erstaunte Frage, warum das so sei, antwortete, dies geschehe aus Naturschutzgründen, konntest du das nicht verstehen und erinnertest mich, dass du ja seit meiner Geburtstagsfeier im Besitz der Erkenntnis seiest, dass Bergsteiger den Fels keineswegs mit Pickel, Steig- oder sonstigen Eisen malträtierten. Ich ließ dich jedoch wissen, dass die ganze Sache etwas komplizierter als in Wirklichkeit erforderlich sei und ich dir dieses Thema besser später direkt am Fels und somit unter Zuhilfenahme eines betroffenen Objektes genauer erläutern wolle.

Während meiner ersten begeisterten Schilderung des Klettersportes hatte ich dir dessen Naturverbundenheit als eins der vornehmsten Merkmale gepriesen. Nachdem du das mit „Toilette" reichlich euphemistisch umschriebene Gebäude am Zeltplatz aufgesucht hattest, teiltest du mir spontan mit, dass du jetzt vielleicht verstündest, was ich damit gemeint haben könnte. Mein Hinweis, dass der Zustand der von ihm soeben aufgesuchten Bedürfnisanstalt im Vergleich zu ihren Vorgängereinrichtungen als Beweis für die technischen und hygienischen Fortschritte, die die Bergsteigerzunft in den vergangenen Jahrzehnten habe erleben dürfen, zu werten sei, stieß bei dir auf ehrliches und kopfschüttelndes Unverständnis. Doch dann sagtest du, dies sei nun wahrlich genug der theoretischen Vorbetrachtung, und du wollest jetzt endlich an die Felsen, um zu sehen und vor allem auch am eigenen Leibe zu erfahren, was für ein Ding der Bergsport nun in seinem Wesen sei. So folgten wir raschen Schrittes dem Ith-Kammweg, dessen guten Ausbauzustand du sofort als Beweis für die Frequentiertheit, Beliebtheit und damit auch offenbar über das normale Maß hinausgehende Qualität der vor uns liegenden Felsen wertetest. Ich meinte etwas wie Enttäuschung und Besorgnis in deinem Gesicht gesehen zu haben, als ich erwiderte, der gute Ausbauzustand sei auf Wunsch der hier nur all zu oft im Einsatz befindlichen Rettungskräfte nach mit Krankenwagen zu befahrenden Zuwegungen zu potentiellen Absturzstellen entstanden. So seien auch in letzter Zeit metallene Notruftafeln mit dem Namen der als Absturzort gewählten Klippe und der Notrufnummer der Freiwilligen Feuerwehr Eschershausen an jedem einzelnen der Lüerdisser Felsen angebracht worden, ein Umstand, der sich sogar schon für mich persönlich einmal wohltuend und behandlungsbeschleunigend ausgewirkt habe, doch dies sei eine andere Geschichte, die er in dem Buch, zu dessen Inhalt unser Gespräch zu werden eine ziemlich gute Chance habe, nachlesen könne.

Der erste Felsen, den wir erreichten war das „Krokodil". Du fragtest, wie denn dieser Felsen, der vielleicht mit du wüsstest nicht was eine Ähnlichkeit habe, nur nicht mit einem reptilen Handtaschen-Lieferanten, zu seinem markanten Namen gekommen sei. Ich deutete auf einen auf dem Gipfel liegenden Block, der in der Tat, du bestätigtest es spontan, eine verblüffende Ähnlichkeit mit einem Krokodil habe, worauf du sagtest, ihn dir gerne aus der Nähe anschauen zu wollen. Dies sei nicht möglich, entgegnete ich, weil das Betreten des Gipfelkopfes schon seit einigen Jahren verboten sei, um die dort befindlichen sensiblen und äußerst seltenen Blaugrasgesellschaften nicht zu gefährden. Du schätztest daraufhin die Gipfelfläche des „Krokodils" auf maximal 50 Quadratmeter und bemerktest nicht ohne einen Anflug von Ironie, dass man ja wohl vermutlich die Zeit, während derer Tag für Tag auf der Welt 50 Quadratmeter des für unser Klima unersetzlichen Regenwaldes vernichtet würden, nur in Nanosekunden ausdrücken könne. Den Erhalt einer solchen Fläche Blaugrases in Detonationsweite des Atomkraftwerks Grohnde, das wir auf dem Hinweg passiert hatten, als umweltpolitischen Erfolg zu bezeichnen, sei in deinen Augen in Anbetracht der eigentlichen Probleme unseres Planeten ökologische Nasenbohrerei. Das sei zu kurz gegriffen, antwortete ich und weder er noch ich würden da offensichtlich die tatsächlichen Zusammenhänge verstehen.

Unsere Aufmerksamkeit richtete sich in der Folge auf eine Seilschaft, die sich an der „Anaconda“ zu schaffen machte. Ich schilderte dir begleitend die alpinhistorische Bedeutung dieses Kletterweges, die insofern als herausgehoben zu gelten habe, als er seinerzeit, 1979, von unten erstbegangen worden sei, wobei ich die sofort von dir geforderte Erklärung, wie man denn beim Bergsteigen anders als „von unten“ vorgehen könne, kurz halten musste, da sich die Ereignisse überschlugen: Der Vorsteiger hatte nach einer Pause am dritten Haken, deren Länge einer Gewerkschaftsforderung alle Ehre gemacht hätte, nun doch die zweite Schlüsselstelle bewältigt und klippte mit einem triumphierenden „Yes!“ den Umlenker. Ob es in England auch keine Felsen gäbe, fragtest du noch, wartetest aber die Antwort nicht ab, weil dich das, was nun geschah, offenbar vollständig verblüffte: Die Sicherungsfrau ließ unseren großen Triumphator in ziemlich flottem Tempo zurück zum Boden ab, wo er sich ein Gratulationsküsschen auf die verschwitzten Wangen drücken lassen durfte. Das verstündest du nicht, wieso er denn nicht noch die drei Meter bis zum Gipfel gestiegen sei, nachdem er sich doch den offensichtlich erheblichen Mühen dieses steilen Aufstiegs unterzogen habe. Dies sei, so antwortete ich, aus den gleichen Gründen verboten, die ich dir in unserer kurz zuvor geführten Diskussion bereits erläutert hätte. Das sei aber doch ziemlich widersinnig, sagtest du daraufhin mit kopfschüttelndem Unverständnis, dass man einem Bergsteiger genau das, wofür er seinen Sport eigentlich betriebe, nämlich auf dem Gipfel eines Berges anzukommen, verbiete, damit das, was er dort doch eigentlich nur bewundern und damit wahrscheinlich auch bewahren wolle, nicht vermeintlich zerstört würde. Du benutztest in diesem Zusammenhang den Begriff „Coitus interruptus", den ich ziemlich treffend fand.

Am Nachbarfelsen, der Hexenkanzel, erhob sich wie immer wildes Geschrei: gebrüllte Seilkommandos, hysterisches Achterbahn-Gekreische bei angeblich zu schnellen Ablassmanövern und unablässiges Gequake derer, die sich meinten verpflichtet zu fühlen, den buntbehelmt im Gewänd kletternden Halbwüchsigen Ratschläge zu geben, auf welche der speckig-marmorierten Griff- und Trittreste, die abertausende von Vorgängern für die bedauernswerten Nachfolger hinterlassen hatten, sie ihre zitternden Füße und schweißnassen Hände zu platzieren hätten. Du bliebst eine Weile mit offenem Mund und unübersehbarem Entsetzen stehen und ließest dieses Horrorszenario mutig auf dich wirken. Ob das normal sei, fragtest du. An diesem Felsen schon, antwortete ich, an vielen anderen ähnlich stark belasteten Felsen sei die Amtssprache allerdings holländisch und die Helme ausschließlich weiß, aber das würden wir gleich noch selbst sehen. Woher denn all diese Jugendlichen auf die Idee kämen, hier zu klettern, wolltest du wissen und ich führte aus, ich schlösse aus den am Parkplatz abgestellten Fahrzeugen, dass dieses lärmende Tohuwabohu vermutlich eine Ferienfreizeit des evangelischen Stadtjugendverbandes Bückeburg sei, bei der einmal das coole Freeclimbing nicht nur in einer stinkigen Kletterhalle sondern auch an richtigen Felsen ausprobiert werden solle. Im übrigen seien hier keineswegs nur evangelische Stadtjugendverbände sondern regelmäßig auch Teilnehmer an Veranstaltungen der Gewerkschafts- oder Kreissportjugend oder an Resozialisierungsmaßnahmen des Jugend-Strafvollzuges anzutreffen, die sich allerdings nicht durch ihr Verhalten am Fels sondern nur durch die abends am Lagerfeuer gesungen Lieder unterscheiden ließen. Das sei dir auch schon einmal aufgefallen, als du dein Kind von einer Geburtstagsfeier in einem Indoor-Activity-Center abgeholt habest, dass man Kinder und Jugendliche offenbar in ihrer Freizeit immer häufiger in geschlossenen Ställen halte, die man aber wohl in punkto Aufmachung und Ambiente nicht ohne Grund im McDonalds-Look aufgezogen habe. Ich nickte stumm und ergänzte, sie würden dort meiner Meinung nach gezielt angefüttert, später günstigstenfalls in Kletterhallen, meist jedoch in schrill-bunte Indoor-Adventure-Parcs, die mittlerweile in jeder größeren Stadt wie Pilze aus dem Boden schössen, verbracht, wo das Klettern in Aktivitäten wie Rutschen, Hochseil-Hampeln, Gokart-Fahren, und Tischfußballspielen eingereiht sei. Und wenn dann der Wunsch entstünde, das ganze auch einmal an richtigen Felsen auszuprobieren, führe das dann zu solch bedauerlichen Auswüchsen wie dem hier und jetzt zu beobachtenden.

Wir bestaunten nebenan das stolze Kamel, an dessen Nasenring wie üblich abgeseilt wurde, du bekamst Lust es auch zu tun, ich vertröstete dich jedoch auf später und gab vor, keine Lust zum Anstehen zu haben. Außerdem gingen wir jetzt hinüber zum Teufelstrichter, wo es mit den selbsterlebten Abenteuern losgehen solle. Auf dem Weg dorthin musste ich Dich mehrfach ermahnen, denselben nicht zu verlassen und du vermutetest augenblicklich, dass dies auch zum Schutze der bedrohten Natur zu erfolgen habe, was ich bestätigte. Ich schilderte dir die großen Mühen und den enormen Aufwand, mit dem freiwillige Helferinnen und Helfer in ihrer Freizeit Wege und Zustiege zu den Kletterfelsen angelegt hätten, gesperrte Bereich mit Hilfe von Symboltafeln als solche gekennzeichnet und alte Wegabschneider zurückgebaut hätten. Ja, bestätigtest du, das habest du auf einer Wanderung im Alpenraum auch schon einmal gesehen, dass der Alpenverein dort an vielbegangenen Wegen Schilder mit dem Text „Abschneider zerstören die Vegetation!" aufgestellt habe und dir damals schon in den Sinn gekommen sei, dass das gleiche ja eigentlich auch auf Autobahnen, Flughäfen oder Industriebauten zuträfe, man dort jedoch komischerweise keine entsprechenden Tafeln fände. Es folgte nahezu zwangsläufig ein lebhafter Diskurs über den Sinn oder Unsinn kleiner Schritte zur Erreichung eines großen Zieles, im Verlauf derer wir die sattsam bekannten Beispiele, wie das des per Hand gespülten Joghurtbechers, der anschließend dann doch in den Müllkrematorien landete, austauschten, ohne jedoch zu einem wirklichen Ergebnis zu kommen, außer zu dem, dass es vermutlich leichter sei, dünne weiche politische Bretter zu bohren, wie zum Beispiel lobbyistisch unorganisierte Bergsteigergrüppchen, als dicke harte, wie oligarchische Energie- und Wirtschaftsunternehmen. Im übrigen äußertest du Zweifel am Sinn der hier zu bestaunenden baulichen Maßnahmen, als du bemerktest, dass der Staub innerhalb des als Rückzugsraum von seltenen Pflanzen oder Tieren offenbar verschmähten Bannbereiches sich, wenn überhaupt, nur unwesentlich von dem außerhalb befindlichen, im zum Zerlatschen freigegebenen Bereich unterscheide. Das sei doch irgendwie komisch und du könnest dir nicht vorstellen, dass vernunftbegabte Wesen, die auch unter Bergsteigern anzutreffen er einfach mal unterstelle, sich von der Sinnhaftigkeit einer offensichtlich derart sinnlosen Maßnahme überzeugen ließen. Da habe ich auch Zweifel, bestätigte ich nickend, aber jetzt wolle ich endlich klettern.

Ich hatte für dich als Einstiegsroute den „Mittelweg" am Teufelstrichter ausgesucht und dort waren wir auch mittlerweile angekommen. Wir packten unsere Sachen aus und du fragtest mich, wieso ich keinen Helm trüge, obwohl das nach deinen ersten Eindrücken ja hier offensichtlich nicht unüblich sei. Du habest Recht, gestand ich ein, das sei wohl mehr als vernünftig, seinen Kopf vor Ein- und Aufschlägen zu schützen und ich kenne nur einen wirklich triftigen Grund, der dagegen spräche: es sehe einfach erbärmlich lächerlich aus – dieser sei für mich jedoch vollkommnen hinreichend. Als ich mir die Expressschlingen an den Gurt hängte, bemerktest du, du nähmest an, dass das die Haken seien, mit deren Hilfe ich die Leine an den Eisen in der Strecke festzumachen gedächte. Ich klärte dich umgehend über die korrekten Bezeichnungen der von dir erwähnten Gegenstände auf, man sage „Karabiner" und nicht „Haken", „Seil" und nicht „Leine", wiederum „Haken" anstelle von „Eisen" und „Tour" oder „Route" aber keinesfalls „Strecke" und ließ dich auch nicht darüber im Unklaren, welch großes Unbehagen mir die von Anfängern in seltener Einmütigkeit falsch verwendeten Begriffe bereiteten. Du versprachst, dich künftig um die korrekte Bezeichnung zu bemühen. Wir begannen zu klettern und hatten Spaß. Zum Ende des Tages hin stelltest du fest, dass deine anlässlich meiner Geburtstagsfeier geäußerte Vermutung, man brauche zum Klettern eine ordentliche Portion Armkraft, nicht ganz abwegig gewesen sei.
Schließlich kamen wir dann auch zum Haderturm, der aussah wie das Opfer von kleinen Weißhelm-Spinnen, die es fast vollständig in ihre bunten Fangfäden geschlungen hatten und offenbar

kurz davor waren, ihm den tödlich-giftigen Biss ins Genick zu verabreichen. Es hallten mannigfach fröhliche Seilkommandos durch den Wald und das einzige was zumindest akustisch zum Ambiente des Alkmaarer Käsemarktes fehlte, waren die buntbemalten Riesendrehorgeln mit ihrem Geleiere. Es dauerte eine ganze Weile, bis du die Sprache wiedergefunden hattest: Dass unsere niederländischen Freundinnen und Freunde vernunftbegabte Wesen seien, die allein schon deshalb das Tragen einer stabilen Kopfbedeckung beim Klettern bevorzögen, habest du nie bezweifelt. Es sei zudem ja wohl auch so, dass der von mir ins Feld geführte Einwand, das Tragen eines Helmes verleihe dem Träger etwas unerhört Albernes, offensichtlich zuträfe, dieses jedoch von unseren westlichen Nachbarn entweder nicht als wesentliche Veränderung ihres ursprünglichen Aussehens empfunden oder zumindest als scheinbar unabänderliches Fatum gleichmütig ertragen würde. Dennoch sei es erstaunlich, dass es in den Niederlanden offenbar nur weiße Modelle zu erstehen gäbe. Ich verstieg mich daraufhin zu der Vermutung, ein jeder Holländer und eine jede Holländerin bekäme zur Konfirmation prophylaktisch einen solchen geschenkt, begleitet vom lakonischen Hinweis des Patenonkels, man könne schließlich nicht wissen, wozu man den noch einmal brauche. Und dies sei vermutlich überhaupt der Grund, warum sie sich eines Tages wie die Lemminge nach Osten und Süden aufmachten, Felsen zu suchen - schlicht um ihr Konfirmationsgeschenk seiner Bestimmung zuzuführen. Das sei aber dann doch ein wenig an den Haaren herbeigezogen, sagtest du kichernd, was ich zugeben musste, um mich gleichzeitig zu beeilen, Wert auf die Feststellung zu legen, Bergsteigen an sich sei ja, bei Licht betrachtet und erst recht in kosmischen Zusammenhängen bedacht, eigentlich ziemlich bekloppt.

DAS BILD ZUM SCHPOCHT

NR. 15

Stimmt! Eigentlich hätten sie Heiko spotten sollen.
Jetzt fiel es ihnen wieder ein – Mist!

DAS BILD ZUM SCHPOCHT
NR. 16

Hier sieht man sehr schön, wie die Zukunft der Königsdisziplin Bouldern aussehen könnte: Ein schickes Outfit, ein gewinnendes Lächeln der Sportlerin, und in der "Om Shanti"- Tasche ist genug Platz für den Chalkbag, die Redchilis und die "Brigitte".

Pfingsten heißt zahlen

Von Zeit zu Zeit sollte man sich und sein Gewissen prüfen. Ängstlichen oder Zweiflern sei versichert: Die Ergebnisse solcher Prüfungen sind zwar nicht immer angenehm, aber zumeist konsequenzlos. Anlässlich eines Gespräches unter Freunden zogen wir zum Beispiel kürzlich einmal ganz ungeschminkt unsere persönliche Öko-Bilanz. Und da musste ich doch auf der Soll-Seite die eine oder andere ökopolitische Unkorrektheit verbuchen: Ich trenne meinen Müll nicht immer gewissenhaft. Ich fahre kein Drei-Liter-Auto. Ich habe keine BahnCard. Ich habe als Kind Kaugummis auf Bürgersteige gespuckt. Und ich kann mich auch nicht erinnern, jemals eine Patenschaft für einen Weißstorch verschenkt zu haben. Aber dafür hatte ich zum Ausgleich auf der Haben-Seite auch einiges vorzuweisen: Immerhin beteilige ich mich aktiv an der Rettung des Regenwaldes, indem ich von Zeit zu Zeit eine Kiste Krombacher kaufe. Ich kaufe nur Schinken von fair behandelten Schweinen. Und überhaupt: Ich bin gegen das Ozonloch. Ich trage keine Pelzmäntel. Ich kaufe keine Tropenhölzer. Ich bin für Betäubungsmittel aus nachwachsenden Rohstoffen. Ich bremse auch für Tiere. Und schließlich setze ich mich als Kletterer aktiv für den Erhalt der Fauna und Flora an unseren Felsen ein.

Meistens. Manchmal will es einfach nicht klappen.

Der Vorbesitzer von Achims Jeep, die Gärtnerei Bühler, hatte freundlicherweise das Schild „Forstbetrieb“ an der Windschutzscheibe vergessen und auch Achim hatte bislang weder Zeit noch Gelegenheit gefunden es abzunehmen. Solche Versäumnisse sind in meinen Augen mäßig verwerflich und in unserem Falle auch sehr praktisch, denn als wir das „Durchfahrt-verboten-frei-für-Forstbetrieb“-Schild am Engelhof passierten, kamen wir uns vor, als hätten wir Tarnkappen auf, niemand konnte uns sehen. Wir fuhren quasi direkt bis zum Ausstieg der Tobelfelsen und versteckten das Auto im Wald – wie Partisanen, die im Namen von Freiheit und Gerechtigkeit das Gelände für einen Anschlag auf einen feindlichen Munitionstransport auskundschaften wollten.

„Besser zwoi Minudda Angschd als zwanzig laufa“, sagte Achim. Irgendwie war ich stolz auf uns: Wir hatten tatsächlich etwas Verbotenes getan. Es war ein Gefühl wie damals, als ich mit 13 zum ersten Mal schwarz mit dem Hildesheimer Stadtbus zur Klavierstunde gefahren und nicht erwischt worden war. Mann, der Tag fing spannend an, fand ich. Doch es sollte noch besser kommen.

Eigentlich war für diesen Pfingstsamstag 2002 weniger Aufregendes geplant gewesen. Achim hatte zum Frühstück diese unvergleichlichen Köngener Brezeln besorgt, genüsslich kauend hatten wir am Frühstückstisch gesessen und heißen Kaffee getrunken. Das Wetter war unglaublich, fast eine Spur zu warm für Pfingsten. Ursprünglich war ich den weiten Weg nach Schwaben gefahren, um mit Achim mein erstes Buch druckfertig zu machen. Eigentlich. Aber bei dem Wetter? Sehnsüchtig hatte ich aus dem Fenster in den blauen Himmel geschielt.

„Hmm ... Achim, duhu?“ Vorsichtig ließ ich mal einen Ballon steigen. „Das Wetter ist so geil, wollen wir nicht erst mal irgendwas klettern und hinterher am Buch arbeiten?“

Ich rannte offene Türen ein, ja Achim schien fast erleichtert zu sein:
„Ok, wo fahra mor na, was kennsch no nedd?"
„Linker Tobel würd mich interessieren."
„Hmm, der isch deilweis gschbärrd – Falke."
„Mist." Nein, das wollte ich nicht! An einem gesperrten Fels klettern – niemals würde ich so etwas tun!
„Ha, gugga mor mol, do gohd scho was." Achim schien da offenbar weniger Bedenken zu haben und wenn er, der Albtrauf-Guru bei mir war, was sollte mir schon passieren?

Und nun standen wir just am Einstieg dieser Tobelfelsen, wo irgendwo um die Ecke Bruder Wanderfalke, unser kleines gefiedertes Mitgeschöpf, seine Jungen mit zerfledderten Taubenleichen fütterte und nicht im entferntesten daran dachte von uns Notiz zu nehmen. Ich nehme hier jetzt mal all meine Unbedarftheit in Falkenfragen und meinen Mut zusammen und sage es ohne Furcht: Vermutlich ist es ja wohl so, dass es den Wanderfalken, Uhus oder sonstigem Geflügel häufig ziemlich wurscht ist, ob an den Felsen, die sie sich zum Horsten und Vögeln ausgesucht haben, geklettert wird oder nicht. Sonst würden sie ja nicht immer wieder die künstlich und mit großem Aufwand vom Menschen geschaffenen Angebote an für das Klettern gesperrten Felsen verschmähen, um genau und ausgerechnet und immer wieder ihren Trieben an populären und vielbesuchten Felsen nachzugehen. Wahrscheinlich sind sie intelligent genug gelernt zu haben, dass diese bunten, leise klimpernden Wesen mit den langen Fäden am Bauch und den bunten Eierschalen auf dem Kopf, die da so unbeholfen und langsam die Felsen hinaufkrabbeln, zwar hin und wieder mal „Fuck!" schreien und gegen die Wand treten, aber keine rohen

Falkenvogelbabys essen. Und ich bin mal gespannt, wie lange es bei durchschnittlich intelligenten Menschen dauert, nun wiederum genau das zu kapieren. Hui, das musste mal raus.

Trotz allem benahmen wir uns natürlich äußerst rücksichtsvoll, nein, wir wollten wirklich nicht stören, und Achim passte die Taktik der an diesem Felsen herrschenden Falkenbrutalität an: „Mir lengad am vorledschda Hoga om, i fädl glei, dass mor d'Vegl edd vorschreggad." Achims Sorge um das Wohlergehen der Taubenschänder klang aufrichtig. Gesagt, getan. Zwei Tobelklassiker wurden ohne schuldhaftes Zögern durchgezogen, zickezacke, Blitzattacke, nicht rechts geschaut, nicht links geschaut und ruckizucki wieder runter. Trotzdem schlug mein Herz lauter als gewöhnlich, etwa so wie damals beim Schwarzfahren. Achim zog das Seil ab, das neben uns auf den Boden pladderte: „So, jetzd ganga mor nieber zur Buschverschneidung, die isch offa." Er schlug dann offenbar doch sicherheitshalber den Pfad zurück zur Tugend ein. Wir packten unser Zeug in die Säcke und stolperten den steilen Pfad zum Trauf hinauf, um hinüber zur Abseilstelle an der Buschverschneidung zu gelangen.

Just in dem Moment als wir den Trauf erreichten, tauchte plötzlich wie aus dem Nichts ein grünes Männchen auf. Wir erschraken. Im ersten Augenblick dachte ich: Helden in Strumpfhosen, die schwäbische Wiedergeburt von Robin Hood! Doch dann wurde mir klar: Irgendein Forstmensch, oha, jetzt gibt's Ärger. Von unten nach oben bot sich folgendes Bild: Derbe Wanderschuhe, in denen graue gewalkte Wollstrümpfe steckten, dunkelgrüne, glatte Kniebundhosen mit Metallschnallen, grünes, langärmliges Hemd, in der Hand ein Klemmbrett, offenbar mit einem Kontrollbogen, um den Hals ein grüner, gummibewehr-

ter Feldstecher. Darüber ein markant geschnittenes Gesicht, mit zwei listig dreinblickenden, wachen Äuglein. Er zog die Brauen hoch und baute sich den Weg versperrend vor uns auf.
„Aha, der Herr Pasold!“ Sein Mund verzog sich zu einem süffisanten Lächeln, sein Kopf nickte leicht, so als wenn in diesem Moment ein lang gehegtes Vorurteil durch die Realität bestätigt worden wäre.
„Ach, der Herr Gatter…“ Achims Stimme klang weniger fest als sonst.
Tatsächlich: Wulf Gatter, Revierförster im Lenninger Tal, Diplom-Forstingenieur, Buchautor, Ehrendoktor der University of Liberia, Freund der Falken, ja, nachgerade der Oberfalkenschützer der Schwäbischen Alb. Ein kurzer Seitenblick in Achims Gesicht und mir war klar: Das hier, das ist ein Worst-Case-Szenario, der definitive Klettern-und-Naturschutz-Super-GAU.
„So, Herr Pasold, sind wir heit amol an gschbärrde Felse unterwägs?“ Herr Gatter kostete offenbar die Situation genussvoll aus. Endlich: Die triumphale Bestätigung dessen, was er immer schon von uns Kletterern im Allgemeinen und Herrn Pasold im Besonderen gehalten hatte.
„Ja, also, do gibts nix zu beschöniga, Herr Gatter, des isch so. Mai Freind isch extra zomm Klettra aus Norddeutschland komma, 700 Kilometer Autofahrt, und mor wolldad ... also … da ... äh ... do semr hald a Schdiggle in do gschbärde Bereich neidabbd …“
Aha, jetzt war es raus. Achims Offenheit überraschte mich, konnte er doch nicht sicher sein, dass uns der falkophile Ehrendoktor überhaupt im gesperrten Bereich gesehen hatte. Und ach: mitgefangen, mitgehangen – klar, auch mich traf Schuld, mir wurde ein wenig unwohl, Gatters strenger Blick erfasste mich. Er reckte das Kinn ein kleines Stück nach oben und in sei-

nen Augen mischten sich Abscheu und Stolz. „Herr Pasold, das lässt auf ihren Charakter schließe. Grad sie sollten Vorbild sein für ihren Freund aus Norddeutschland, wanns um d' Reschpektierung von gschbärrde Felse gahd. Des oinzige, was sie ährd, isch, dass sie ährlich send. Dass des aber Konsequenze habe wird, des isch sicher!"
Achim zuckte resignierend mit den Schultern: „Dess isch vormudlich ned z' endra."
„Noi, sie höret von uns!"

Wir verabschiedeten uns mit einem ernsten Kopfnicken, etwa wie feindliche Generäle nach einer Waffenstillstandsverhandlung. Herr Gatter blickte auf seine goldene Armbanduhr, die er vermutlich als Dank für seinen unermüdlichen Einsatz für die heimische Vogelwelt zu seinem 40. Dienstjubiläum bekommen hatte, notierte etwas auf seinem Kontrollbogen und setzte seinen Inspektionsgang mit festem Schritt fort. Wir hingegen schlichen reichlich bedröppelt hinüber zur Abseilstelle. Als Gatter außer Hörweite war, brach es aus Achim heraus: „Scheiße, Scheiße, Scheiße, Scheiße! S'Schlemmschde was hodd bassiera kenna! Des gibt a Strofvorfahra oder a safdigs Bußgeld!"
Ich schwieg betreten, war es doch meine Idee und mein Wunsch gewesen, hier zu klettern. Wie konnte ich das wieder gutmachen? Wir versuchten einen ganz normalen Klettertag folgen zu lassen. Doch weder die frischen „Wurschdwegga" vom Metzger in Schopfloch, die phantastischen Touren an der Kesselwand und der Schwarzen Wand, noch die zwei Halben in der „Schlatterhöhe" vermochten eine positive Gesamtstimmung zu erzeugen. Es hing ein Schatten über diesem Tag, wir waren schuldig geworden. Ganz klar: ein Sündenfall.
Wieder daheim in Köngen wurden eilig ein paar Telefonate mit

Freunden geführt, um die Nachricht vom Missgeschick zu verbreiten: „Du glaubsch ed, was bassierd isch…!" Erst am späten Abend, nach der dritten oder vierten Karaffe von Achims Hauswein, waren wir in der Lage, die Dinge so zu sehen, wie sie letztlich sind: heiter.

Eigentlich könnte die Geschichte hier jetzt zuende sein, aber Herr Gatter war kein Mann leerer Versprechungen. Unser Verstoß hatte tatsächlich ein juristisches Nachspiel.

Einige Wochen nach den oben beschriebenen Ereignissen erhielt Achim vom Landratsamt Esslingen einen Anhörungsbogen mit der Bitte um schriftliche Stellungnahme. Da er Fragen hatte, wählte er die im Anschreiben angegebene Durchwahl der mit unserem Vergehen befassten Dienststelle. Am anderen Ende meldete sich in unverfälschtem Schwäbisch eine freundliche Frauenstimme:
„Landratsamt Esslinge, mei Name isch Özdemirli?"
Achim stutzte. Wie bitte? Ein gewaltiger Flash schoss ihm durch den Kopf: Özdemirli? Das gibts doch nicht, dieser Zufall! Özdemirli? Özdemir? Cem Özdemir! Der Cem Özdemir! Mittlerweile Grüner EU-Parlamentarier in Brüssel. Er war es damals gewesen, der in seiner Eigenschaft als freier Mitarbeiter des „Ermstalboten" die Hass-Lawine gegen die Kletterer losgetreten hatte. Unvergessen sein Artikel „Totgenagelt und kaputtgebohrt - Kletterer zerstören die Felsen der Schwäbischen Alb". Cem Özdemir - Feindbild einer ganzen Generation von Albkletterern. Und jetzt Frau Özdemirli, die offenbar mit der Bußgeldsache Pasold betraut war. Gibt es solche Zufälle? Unglaublich! Achim versuchte sich zu fassen und räusperte sich: „Ja, Pasold hier, sie könned mit meim Name sicher nix afange."

„Doch, doch, sie send Herr Pasold, dor Albtrauf-Guru." Fast hätte er sich geschmeichelt gefühlt.
Und in nahezu perfektem Telefonplapperdeutsch fügte Frau Özdemirli hinzu: „Was kann ich für sie tun?"

Die Höhe des Bußgeldes wurde schließlich auf 150,- € festgesetzt. Ich habe sie Achim heute zurücküberwiesen.

DAS BILD ZUM SCHPOCHT
NR. 17

Das protzige Zurschaustellen der Hardware unseres Arztbesockten, und dann noch dieses selbstzufriedene Grinsen des Helmträgers, der nicht einmal zu bemerken scheint, dass seine Bremse einen unvorteilhaften Schatten auf seine Beine wirft. Grausam!

DAS BILD ZUM SCHPOCHT
NR. 18

Ziemlich blöd: Mutter mitgenommen, aber Crashpad vergessen.

Scheunen

Irgendwann, als der Herbst vorbei war und draußen gar nichts mehr ging, fingen wir wieder an zu trainieren, wobei ich hier gleich mal klarstellen muss, dass ich das nicht gerne tue, dieses lustlose Gezerre an Holzgriffen, nur damit man besser wird, aber ich glaube nicht daran, dass das wirklich passiert. Häufig tut man sich einfach nur weh und denkt dann, wenn man am nächsten Morgen mit Schmerzen aufwacht: „Whow, das hat wirklich was gebracht!", was aber Quatsch ist. Error, der eigentlich Reinhard heißt, hatte sich auf dem Dachboden, in seiner „Scheune", wie wir sie nannten, eine Wand aus alten Spanplatten und einer Tischtennisplatte zusammengezimmert und viele Griffe aus Holz und Plastik drangeschraubt. Sogar ein Handrissdach gibt es da, was aber niemand klettert, weil es so doof ist, nur Jörg habe ich einmal darin gesehen, aber Jörg ist auch gut, denn er ist ein Hallenkletterer und stammt aus Schwaben, woher ja schon immer die besten Kletterer der Welt kamen. Wir trafen uns also im Winter immer mittwochs in Errors eiskalter Scheune, um zu bouldern und hinterher in der Küche ein Weizenbier zu trinken, was sehr gemütlich ist. Eigentlich finde ich diese Scheuneneinrichtung aber ziemlich schrecklich, es riecht da immer irgendwie muffig, der Gas-Heizstrahler macht es nur oben unter der Decke warm, die Füße bleiben immer arschkalt, die Matratzen sind versifft, es staubt wie bei einer Explosion in einer Mühle, wenn man darauf fällt und die Routen sind alle so schwer, dass ich nirgendwo hochkomme, was mich ziemlich fertig macht. Außerdem hat Error immer so komische Musik laufen von den Ärzten oder der Spider-Murphy-Gang, die ich reichlich blöd finde, aber ich traue mich nicht, etwas zu sagen, weil ich Angst habe, sie würden mich sonst rausschmeißen, denn das Weizenbier hinterher ist immer lecker. Am liebsten würde ich zwei davon trinken, aber das geht nicht, weil Error in Grohnde wohnt, genau, da wo das gefährliche Atomkraftwerk ist und ich hinterher immer noch mit dem Auto zurück nach Hameln muss, also bleibt es meist bei einem Bier, was eigentlich schade ist.

Irgendwie habe ich dann leichtsinnigerweise einmal Hans, also nicht dem Hans, sondern dem anderen Hans, der in Hannover wohnt, erzählt, ich würde in einer Scheune trainieren, was ja eigentlich nicht stimmt, weil ich meistens nur rumsitze und zugucke wie die anderen trainieren. Das heißt, zuerst gucke ich zu, wie sie sich warm machen: Karsten läuft einmal um den Block, was aber verkehrt ist, weil er immer total verschwitzt wiederkommt, Error balanciert auf so einer Slackline und glaubt, dass es was bringt, Hansi trippelt auf der Stelle, weil er das damals immer bei der Leichtathletik so gemacht hat, und Carla zieht sich Boxhandschuhe an und prügelt auf einen Sandsack ein, weil sie früher einmal Kickboxen gemacht hat, damit das nicht die einzige Sportart ist, die sie nicht gemacht hat. Also: Da gucke ich zu und beim Bouldern an der Wand meist auch und erzähle, wie schon gesagt, obwohl es nicht stimmt, hinterher anderen Menschen, ich würde in einer Scheune trainieren, so wie ich das dem Hans aus Hannover auch erzählt habe, eines Tages. Da kam Sandra dazu und sie fingen an mich zu hänseln, in Hannover stünde eine viel bessere Scheune und auch die einzige Scheune, die sich eigentlich mit Recht Scheune nennen dürfe. Außerdem hätten sie dort richtig gute Musik, nach der man gleich einen ganzen Grad schwerer Bouldern könne, ehrlich, das müsse ich ihnen glauben. Dann sagten sie noch so etwas wie „Komm doch, komm doch!“ und dann bin ich da tatsächlich hingefahren, was sich aber als großer Fehler herausgestellt hat, denn was da so alles passiert ist, war ziemlich schrecklich und ich erzähle es jetzt hier, allen zur Warnung.

Die Scheune in Hannover ist natürlich auch keine Scheune, denn in der Stadt gibt es ja keine Bauern, aber früher war die Wand mal in einer Scheune. Dann ist man umgezogen auf ein altes Fabrikgelände und hat die Wand da wieder aufgebaut und hat es hinterher immer noch Scheune genannt, wahrscheinlich damit man sich nicht so umgewöhnen muss, wenn man nach dem Abendessen sagt: „Du, ich geh eben noch mal in die Scheune.“ Vielleicht haben es doch mal einige versucht und haben gesagt: „Du, ich geh eben noch mal in die Bettfedernfabrik“, aber das klingt irgendwie komisch und umständlich. Ich finde, dass schon das Wort „Bettfedernfabrik“ an sich komisch ist und erst recht die Vorstellung, dass es mal eine Fabrik gab in der Bettfedern hergestellt wurden und dort Menschen arbeiteten die sagen mussten, sie arbeiteten in einer Bettfedernfabrik.

Mindestens genau so komisch ist es aber, in eine Scheune zu gehen, die eigentlich eine alte Bettfedernfabrik ist, um zu trainieren, damit man besser klettern kann. Wenn man da hin kommt, kann man sich zuerst mal tüchtig verlaufen, und man denkt, dass die Menschen, die in dieser Fabrik früher Bettfedern hergestellt haben, sich entweder dort gut auskennen oder einen Plan in der Tasche haben mussten, damit sie sich nicht, wenn sie zwischen dem Fabrizieren von zwei Bettfedern mal aufs Klo mussten oder sich aus dem Colaautomaten eine Cola kaufen wollten, verliefen. Der Eingang zur Scheune ist dann neben einer Tango-Bar in einem zwielichtigen Hinterhof, wo man Angst bekommt, hier trieben sich Elemente herum, von denen man sagt, man wolle ihnen lieber nicht auf einem zwielichtigen Hinterhof begegnen. Man kommt dann in einen schmalen Gang und sieht erst einmal gar nichts, weil man den Lichtschalter nicht findet, aber dann findet man ihn doch und steht vor einer steilen Eisenleiter, die man hoch muss und bei der man hinterher denkt: „Boah, das hat glaube ich schon was gebracht!", was natürlich Quatsch ist. Oben ist es dann auch erst einmal dunkel und wenn jemand auch hier den Lichtschalter gefunden hat, und es hell wird, denkt man: „Ach du Schreck, wo soll ich denn hier hochkommen?" Genau das habe ich auch gedacht als ich das erste Mal da war, und mir wurde klar, dass das für mich kein schöner Abend werden würde, ich würde mich sicher blamieren, weil ich mich nirgendwo würde festhalten können an diesen winzigen Holzgriffchen unter der Dachschräge. Es war überhaupt alles schräg hier, an einigen Stellen sogar ganz besonders schräg, und da wo es am allerschrägsten war, waren zu allem Überfluss die wenigsten Griffe angeschraubt. Schlecht war auch, dass die meisten Griffe ganz klein und aus Holz waren, die großen Griffe, also die, an denen man sich dann endlich auch einmal festhalten konnte, lagen so weit auseinander, das man sich gar nicht vorstellen konnte, wie das alles funktionieren sollte. Na ja, dachte ich, vielleicht ist ja weiter hinten noch ein Stück, was nicht ganz so schräg ist, also ging ich über die wippenden Matratzen, in denen bestimmt auch Bettfedern aus der alten Fabrik drin waren, bis nach hinten durch, konnte aber keine Stelle sehen, wo es gegangen wäre, also ließ ich es sein.

Ich sah wohl sehr traurig aus, weil Sandra gleich ankam und sagte, ich sehe so traurig aus und ob sie mir nicht mal eine schöne Aufwärmrunde zeigen solle. „Au ja“, sagte ich, „Aufwärmen, das weiß ich, das ist eine feine Sache, das machen wir in Errors Scheune auch immer“, und ich erzählte ihr, wie wir das dort machen, und sie fand es gut. Dann fing Sandra an einer von diesen ganz furchtbar schrägen Stellen an zu klettern und sagte immer die Nummern dazu, die neben den Griffen auf die Wand gemalt sind, was sehr praktisch ist, auf jeden Fall praktischer, als den Griffen Namen zu geben, finde ich. Ich solle erst die 79 nehmen, dann über Kreuz zur 64 greifen und dann zur 102 weiter – aber soweit kam ich gar nicht, denn ich war gar nicht bis an die 64 gekommen, vermutlich weil ich sehr klein bin, nämlich nur 1 Meter 83. Sandra aber sagte, dass ich die Füße falsch hinstellen würde, und ich solle mich da irgendwie verdrehen, was ziemlich komisch aussah und auch nichts brachte, da ich trotzdem nicht an die 64 herankam und immer wieder auf die Matte plumpste, was mir sehr peinlich war. Die anderen guckten auch schon so komisch, weil ich immer beim Runterfallen den halben Chalkbag auskippte und alles weiß wurde, was die Leute aus der Scheune nicht besonders witzig fanden, weil sie gerade am Wochenende vorher alles schön sauber gemacht hatten und jetzt wieder von vorne anfangen mussten.

Dann machte Hans die Musik an, damit es bei mir besser liefe, wie er sagte. Die Musik war auch ziemlich schräg, genau wie die Platten, an denen sie die Griffe festgeschraubt hatten. Auf jeden Fall war die Musik anders als in Grohnde, keine deutschen Texte oder so, sondern es rief ein Amerikaner immer etwas in das Mikrofon, was ziemlich ärgerlich klang, ich verstand es aber nicht, weil ich nicht so gut Englisch kann, dafür besser Französisch, weil ich das mal studiert habe. Hans sagte mir, der ärgerlich wirkende Amerikaner würde seine Freundin gerade fragen, ob sie wüsste, wie man einen (pieps!) lutscht, und das wäre doch toll. Ich probierte es gleich aus, ob diese gute Musik mir helfen würde, mich irgendwo festhalten zu können, aber es war mit Musik genauso schlecht wie ohne Musik. Obwohl Sandra sagte, das würde allen so gehen die zum ersten Mal in der Scheune sind, hatte ich Angst, dass alle über mich lachen würden, deshalb strengte ich mich ganz besonders an, doch das einzige was dabei herauskam war, dass mein Arm wehtat, weil ich mir dort etwas gezerrt hatte. Hans sagte mir, das sei die Beugesehne, dann wusste ich zwar, was es war, aber es tat trotzdem noch weh.

Ich habe danach noch insgesamt drei mal meinen Chalkbag ausgeleert, doch dann hatte ich keine Lust mehr und habe genau das gleiche gemacht wie in Errors Scheune, ich habe nämlich zugeguckt, wie die anderen trainieren und dabei dem ärgerlichen Amerikaner zugehört, der seine Freundin immer noch das Gleiche fragte. Am Ende haben alle noch an einem Balken Klimmzüge gemacht und sie haben mich gefragt, ob ich das nicht zum Schluss auch noch machen wolle, das gehöre einfach dazu. Ich habe ihnen gesagt, dass ich keine Klimmzüge kann, aber das haben sie mir nicht geglaubt, bis ich es ihnen gezeigt habe. Dann habe ich gefragt, ob man hier irgendwo ein Weizenbier bekäme, das gehöre für mich einfach dazu, und da sagten sie, ja, sie gingen hinterher immer in eine Gaststätte die „Café Übü" hieße, was ein witziger Name ist, wie ich finde. Ich finde ihn sogar so witzig, dass ich meine, viel mehr Gaststätten sollten „Café Übü" heißen, aber damit werde ich mich wahrscheinlich nicht durchsetzen. Das, was mir dort sofort auffiel, war, dass die Wände nicht schräg waren, was mir sehr gut tat. Hans bestellte sich eine Bochumer Schlachteplatte für zwei Personen und ich dachte noch, dass man wohl eine ganze Menge essen muss, damit man lernt, sich an diesen kleinen Holzdingern festzuhalten. Ich trank ein Weizenbier und hätte gern auch noch ein zweites getrunken, aber ich musste ja noch mit dem Auto bis nach Hameln zurück, und so habe ich nur eins getrunken, was eigentlich schade war.

Am Mittwoch darauf bin ich dann wieder zu Error in die Scheune gefahren und fand übrigens, dass es eine sehr schöne Scheune ist. Ich habe den anderen dort beim Aufwärmen und Bouldern zugeschaut und hinterher ein Weizenbier getrunken. Wenn man ehrlich ist, muss man sagen, dass sich eigentlich nicht viel verändert hatte seit dem letzten Mal und alles war wie sonst auch.

Im Frühjahr gehe ich dann wieder draußen klettern, was sehr schön ist, weil man endlich keine Scheunen mehr dazu braucht.

Sylvie heißt manchmal auch Renée

Eine Höllenpartie mit Herrenhund

Um hier gleich keine Zweifel aufkommen zu lassen: ich liebe meine niedersächsische Felsenheimat und bin dankbar für jeden Klettertag, den ich im Ith verbringen darf. Aber manchmal habe ich nach all dem 20-Meter-Umlenk-Kalk-Fastfood an unseren Übungsfelsen Sehnsucht nach richtigem Klettern und vor allem Sehnsucht nach einem Gipfel. Ja, ich habe es andernorts schon einmal geschrieben: ich hasse Umlenker, ich will oben sein, darum bin ich damals Bergsteiger geworden und nicht Höhlenforscher. Ich bin ein großer Fan von Höhepunkten. Und der Vergleich, dass für mich ein Eintrag in ein Gipfelbuch ist wie die Zigarette danach, hinkt nur deshalb wie ein frischgefoulter Fußballer, weil ich Nichtraucher bin. Nun gibt es ja zum Glück nur einige wenige Ignoranten, die behaupten würden, in Europa gäbe es einen schöneren Platz um oben zu sein als das Elbsandsteingebirge mit seinen tausend Türmen. Und deshalb muss ich da auch immer wieder hin, ich gebe mir das jetzt schon seit über dreißig Jahren und habe bisher auch Gott sei Dank immer wieder Verrückte gefunden, die mich begleiten. Diesmal war es Karsten.

Wir waren mit dem Meister zum Abendessen verabredet, doch nicht in der „Hocke", der „Russenmühle" oder im „Ratskeller", in denen wir sonst unsere Eibauer Dunkelbier an Schnitzel mit Bratkartoffeln einzunehmen pflegten, sondern Bernd hatte uns bedeutet, er habe einen Gast und der habe ihn zum Abendessen ins „Parkhotel Ambiente“ eingeladen, wir seien aber willkommen und sollten ihn doch begleiten, er zöge sich auch ein Hemd mit Kragen an, was er sonst nie täte, aber dort müsse man das wohl tun, und außerdem sei der Gast eine Gästin und hieße Sylvie und komme aus Frankreich. Karsten und ich wechselten einen vielsagenden Blick, mussten aber gleichzeitig bedauernd feststellen, dass wir vermutlich keine passende Abendgarderobe dabei hätten, der Meister aber sagte, das spiele keine Rolle, wir sollten trotzdem kommen, und außerdem wäre Sylvie sehr nett, und wir sollten ihn bitte nicht im Stich lassen. Wir beruhigten ihn und versicherten, die Aussicht gemeinsam mir einer sehr netten Französin in Abendgarderobe ein Diner im ersten Hotel am Platz einnehmen zu dürfen, sei Grund genug, uns auf den Abend zu freuen, T-Shirt hin, Sandalen her.

Da saßen wir dann an einem lauen Augustabend auf der Terrasse dieses Vier-Sterne-Hotels, das in das beschauliche Hohnstein etwa so gut passt wie ein 1001-PS-Bugatti in die heutige Zeit und warteten auf den Auftritt von Madame, die sich aber noch zierte und uns warten ließ. Bernd sah richtig feierlich aus in seinem karierten, aber in dezenten Farben gehaltenen Hemd, das sogar ein Aufnäher des „DAV-Summit-Clubs“ zierte. Er hatte sich die Haare gescheitelt, und ich glaube sogar Moritz, das göttliche Wesen, das wie immer unter dem Tisch döste, hatte zum ersten Mal in diesem Jahr die Bürste gespürt. Während wir also des Kommens der Französin harrten, studierten wir die Speisekarte des Etablissements und registrierten mit einer Mischung aus Erstaunen und Entsetzen, dass die Euro-Beträge hinter den in der Karte lediglich als „Vorspeisen“ bezeichneten Gerichten höher waren als das, was uns in den sonst von uns aufgesuchten Gaststätten vor Ort als Gesamtzeche für zwei hungrige Bergsteiger berechnet wurde. Wir nahmen es jedoch gelassen und dachten uns insgeheim, dass wir als Ausgleich für diese hohe Investition ja sozusagen gratis eine sonst unübliche charmante weibliche Begleitung bekämen. Wir beschlossen, den Abend zu genießen. Ein scheuer Blick in die Runde bestätigte hingegen meine Befürchtung: Wir waren tatsächlich hoffnungslos underdressed und ich meinte sogar einige missbilligende Blicke vom Nachbartisch auf meiner Oberbekleidung zu spüren. Blödmänner, spießige, sollen die sich doch um ihren eigenen Kram kümmern! Mit gewisser Genugtuung hörte ich dann aber aus dem Mund des T-Shirt-Missbilligers einen dieser legendären Sätze, die mich immer wieder dafür dankbar machen, dass mir meine Eltern damals den Zugang zur europäischen Hochkultur ermöglicht haben: „Herr Ober, nach den Gnotschi bringen sie bitte für mich einen Grappa und für meine Frau einen Latte Matschiato!" Ich schätze, wir waren quitt.

Und dann erschien Sylvie:

Eine herbe mediterrane Schönheit, Ende vierzig, schwarz gefärbtes Haar, bremsstreifendicke Kajalspuren um ausdrucksstarke dunkle Augen, gehüllt in ein „Kleines Schwarzes", die Füße gehalten von goldfarbenen Sandalen. Sie sah aus wie eine Mischung aus Onassis-Witwe und Sophia Loren. Wir begrüßten uns mit den üblichen französischen „muah-muah-muah"-Küsschen und ich schämte mich im Angesicht dieser charmanten Tischnachbarin bereits zu diesem Zeitpunkt für mein Gulag-Shirt und meine kurzbehosten Beine, die in ausgelatschten Teva-Sandalen steckten. Zum Glück verschwand das meiste davon sogleich unter der üppig bemessenen Damast-Tischdecke, ich bestellte, ich weiß nicht mehr warum, eine „Variation von mediterranen Edelfischen". Wir wurden von einem Ober bedient, der uns in weißen Handschuhen das Essen reichte, wobei ich mich fragte, welche der Vorstellungen schlimmer sei: Die, dass unser bedauernswerter Zeitgenosse irgend einen ekligen Ausschlag an den Händen hatte, den er vor den sicherlich anspruchsvollen, und solch widerwärtige Anblicke nur ungern tolerierenden Gästen dieser Herberge zu verbergen versuchte oder die, er habe eine seltene Porzellan-Allergie oder ähnliches, weshalb er den direkten Hautkontakt mit dem von ihm zu servierenden Geschirr durch das Tragen der weißen Handbekleidung zu vermeiden trachtete. Es wurden recht überschaubare Speisen serviert, lediglich ein halber Liter Radeberger war auch hier ein halber Liter Radeberger, das stellten wir erleichtert fest. Wir begannen zu plaudern, zunächst auf Deutsch, was Sylvie trotz dieses umwerfenden Die-so-schön-at-geprickölt-in-mein-Bauchnabähl-Akzentes wunderbar beherrschte. Nach dem zweiten Radeberger outete ich mich schließlich als nicht praktizierender Französischlehrer, und wir hatten daraufhin einen recht angenehmen zweisprachigen Abend, im Verlaufe dessen wir beschlossen, man könne sich doch morgen gemeinsam am Sachsenbeton aufreiben. Gegen Ende jedoch nahm die Soirée eine unerwartete dramatische Wendung. Nein, ich meine nicht den Moment als uns auf einem Silbertablett die in eine Damast-Serviette eingeschlagene, ohnmachtsanfalltaugliche Rechnung präsentiert wurde, sondern jenen, als Bernd uns eröffnete, welches Ziel er sich gerade für unseren gemeinsamen Klettertag ausgedacht hatte: „Höllenhund Herrenpartie"!

Es ist nämlich so, dass allein der Name „Höllenhund" bei mir schon gewisse vegetative Veränderungen auslöst. Schwitzhände, Herzrasen, beschleunigte Darmtätigkeit, um nur einige zu nennen. Und zwar seit dem Tag, als ich in dem Glauben, Bernd wolle mich durch den phantastischen Talweg von Dietrich Hasse führen, mit ihm (also mit Bernd, nicht mit dem Hasse-Dieter) am Fuße dieser gewaltigen Mauer stand und er mir eröffnete, ich sei derjenige, der die Schlingen in die zahllosen Sanduhren dieses sicherlich besten Kletterweges der Welt zu knüpfen die Aufgabe habe, er sei mit dem Korsett, das er nach seinem in der Sahara zugezogenen Wirbelbruch auf Anraten des Orthopäden auch beim Klettern tragen solle, nicht in der Lage vorzusteigen. Der durch diese Eröffnung bei mir ausgelöste Adrenalinschwall hatte dann aber vollständig gereicht, um mich die Wand nahezu schwerelos emporschweben zu lassen. Dieser 7. Mai 2003 war, ich bleibe dabei, der Höhepunkt meines bisherigen Klettererlebens. Doch nun sollte es die „Herrenpartie“ sein, die doch deutlich schwieriger ist als der Talweg und vor allem durch peinlich überhängende, auch für einen Nachsteiger verdammt einsame Wandpartien führt, soviel wusste ich, seit ich im „Hasse-Stutte“ die ersten Fotos von diesem Weg gesehen hatte.

Es wäre übertrieben zu behaupten, ich habe in der auf unser Festmahl folgenden Nacht kein Auge zugetan, gesunder Schlaf aber ist etwas anderes. Reichlich gerädert saß ich folglich am nächsten Morgen am Frühstückstisch auf unserem Balkon in Altendorf und kaute appetitlos an meinem Zwillingsbrötchen herum, während Karsten (eine seiner Spezialitäten) die Wespen, die sich leichtsinnigerweise in die Nähe seines Messers gewagt hatten, mit gezieltem Schlag betäubte, an der Sollbruchstelle in Körpermitte zerteilte und in die Dachrinne beförderte. Das Wetter war gut, es würde heiß werden, und ich war mir jetzt schon sicher, dass wir zumindest die zweite Hälfte der „Herrenpartie“ in der prallen Sonne würden klettern müssen. Meine Aufregung wuchs mit jeder Minute und auch gut gemeinte Selbstbetrugsversuche, ich stiege ja schließlich nur nach, was solle mir schon passieren, wurden sofort von Horrorbildern überblendet, die mich am Überhang nach dem zweiten Ring entkräftet ins Leere pendeln sahen und ich mir dabei zuschaute, wie ich trotz verzweifelter Versuche meiner Kameraden, mich zu bergen, in der Augustsonne vertrocknete. Das alles waren gute Voraussetzungen für irgendetwas, jedoch nicht für einen entspannt-fröhlichen Klettertag. Dementsprechend nervös war ich auch auf der Autofahrt zur Bastei, ich verfuhr mich, verletzte zweimal die Vorfahrtsregeln und wurde von einer Bodenwelle auf der Ziegenrückenstraße durch nicht angepasste Geschwindigkeit fast aus der Kurve geschnipst. Als wir auf dem Basteiparkplatz ankamen, stank ich bereits wie ein nasser Fuchs, offenbar hatte ich am Morgen auch vergessen, mein Deodorant zum Einsatz zu bringen.

Fast zeitgleich mit uns waren Bernd, Moritz und Sylvie eingetroffen, und als die Französin aus dem Auto stieg, stockte uns der Atem: Das, was am Vorabend unter dem „Kleinen Schwarzen“ verborgen gewesen war, steckte nun in Leggins und Muscleshirt, aus dem zwei gewaltige, braun gebrannte muskulöse Arme hervorquollen. Sie strahlte uns an, wir küssten uns ein „Bonjour!“ auf die Wangen und mir war klar, dass diese Frau, die aussah wie das Ergebnis eines erfolgreichen Kreuzungsversuches von Amélie Mauresmo mit einem bayerischen Fingerhakel-Meister, mich heute in Grund und Boden klettern würde. Auf dem Weg zum Höllenhund waren aber schnell die alten Horrorvisionen wieder da: freies Abhängen in der prallen Sonne, vor der unerreichbaren glutheißen Wabenwand pendelnd. Doch die erste Schlüsselstelle sollte schon vorher zu bewältigen sein: Beim

Abstieg an der „Eule“ gibt es eine kleine Kletterstelle zu absolvieren, die in jedem anderen Klettergebiet der Welt mindestens mit einem soliden dritten Schwierigkeitsgrad bewertet wäre, hier hingegen war so etwas auch für einen Kletterzustieg offenbar völlig normal. Ob meines zentralnervösen Erregungsgrades tat ich mich schwerer als sonst, zudem kippelte mein Rucksack blöd hin und her, und meine Teva-Latschen wollten auf den rutschigen Sandbändern keinen rechten Halt finden. Da tönte es von oben: „Nu, jetzt müssder mal aufbassen, jetzt gommt där Moritz, vielleischt müssder dän mal 'n bissl underschdüddzen.“ So sprach der Herr, und sein treuer Begleiter begann, sich auf die Vorderläufe stemmend, die Wandstelle herunterzurutschen, wobei ihm das Bremsen nicht sonderlich gut gelang und er ganz schön Fahrt aufnahm. Karsten, der gerade in einer etwas wackligen Position stand, starrte mit angsterfüllten, weit aufgerissenen Augen auf das, was da auf ihn zukam. „Gannstn mal halten?“ rief Bernd noch von oben, da schoss Moritz auch schon an uns vorbei und verfehlte Karsten nur denkbar knapp, der, so sagte er mir später, sich schon neben Moritz in einem Krankenhaus-Doppelzimmer habe aufwachen sehen. Wie durch ein Wunder blieben jedoch Hund und Mensch unverletzt.

Wir erreichten schließlich den Wandfuß der Höllenhund-Talseite, die über mir lastete wie die Schulden auf einem öffentlichen Haushalt. Da musste ich hoch? Meine Güte! Derweil spazierte Bernd unangeseilt über eine erste kleine Wandstufe hinauf zu dem Band, auf dem der eigentliche Einstieg zu finden war, platzierte hinter einer Schuppe einen dicken Knoten und gebot uns, daran Stand zu machen. Da hing ich nun zitternd, immer wieder die entfesselten Felsmassen über mir ängstlich beäugend und flehte Bernd an, er möge die Seilschaft so aufteilen, dass ich nicht als letzter am Wandfuß zurückbliebe, sondern irgendwo in der Mitte würde klettern dürfen. Ich wurde folglich auf Position drei gesetzt, so dass ich mir sicher sein konnte, niemals irgendwo allein am Stand zu hängen und, falls das Schicksal so eintrat wie ich es mir seit gestern Nacht ausmalte, die verzweifelten Kameraden von beiden Seiten an mir würden ziehen können, wenn ich – und das stand eigentlich für mich so fest wie die unverbrüchliche Freundschaft der ehemaligen Sowjetunion zu ihren Bruderstaaten – an der Schlüsselstelle rausfliegen und rettungslos im Freien hängen würde. Bernd stieg also vor, machte am ersten Ring Stand und sicherte Sylvie nach, die die Wand hinaufspazierte, als sei sie in überhängenden Sandsteinwänden zur Welt gekommen. Für mich Zeit genug, mir über die Haltekraft von Knotenschlingen im Allgemeinen und der, an der ich gerade hing im Besonderen, Gedanken zu machen. Gedanken, die sich fortan zu einer wahren Angstpsychose verselbständigen sollten, während derer sämtliches vielleicht noch vorhandenes Restvertrauen in die Haltbarkeit von Sandstein, darin versenktem Eisen sowie Nylon und daraus gefertigten Seilen, Schlingen und Nähten verloren gehen sollte. Als ich am ersten Ring ankam, lächelten mich Bernd und Sylvie freundlich an, ich integrierte mich in das Schraubkarabinerchaos an diesem, wie ich fand, schrecklich dünnen und ebenso rostigen Gebilde, dem die Sachsen regelmäßig ihr und anderer Leben anvertrauen, bestand aber gleichzeitig darauf, nicht nur an meiner Standschlinge, sondern auch an meinem mittels Mastwurf zusätzlich befestigten Seilende festgemacht zu werden, was die Sache nicht gerade unkomplizierter machte. Meine Aufgabe bestand nun darin, Karsten nachzuholen, während sich Sylvie sichernd für das Leben des Meisters verantwortlich fühlte. Da hing ich nun in schrecklich unbequemer Stellung neben dieser französischen Rassefrau, und das einzige, was ich an Kommunikation zustande brachte, war schwitzen, stinken und jammern, begleitet von unablässigem Hin- und Herruckeln, weil der Gurt am Gemächte kniff und die Wand auf die Seele drückte. Ständig hatte ich zu allem Überfluss auch noch das Bild vor Augen, wie sich der Ring geräuschlos aus dem Sandstein löste und ich rücklings ins Bodenlose stürzte.

Dann meine Albtraumstelle am zweiten Ring: Bernd hangelte spielerisch leicht über das Dach, ich konnte jedoch so gut wie nichts erkennen, da die Sonne gerade beschlossen hatte, sich intensiv für unser Tun zu interessieren und genau hinter Bernd leuchtete. Ich bat ihn noch, unmittelbar nach dem Dach eine Schlinge zu legen, weil ich wusste, dass darauf ein Quergang folgte, den ich sonst in einem Riesenpendel absolvieren würde, wenn ich am Dach herausflog, was, ich glaube ich sagte es schon, für mich unausweichlich schien. Die Position am zweiten Ring war noch unbequemer als die am ersten, so dass ich fast erleichtert war, als ich nach einer schier unerträglich langen Zeit angstvoll gequetschten Hängens endlich los durfte. Ich bat Karsten, mich an seinem Seil zu hintersichern und fragte ihn glaube ich noch, ob er sicher sei, dass das ganze Zeug, an dem wir uns da festmachten, tatsächlich hielte, ich jedenfalls glaube es nicht. Die Kletterstelle selbst gelang mir dann wider Erwarten doch auf Anhieb, aber meine schwach keimende Zuversicht, das Martyrium habe nun bald ein Ende, wurde beim Erreichen des nächsten Standes sofort wieder zunichte gemacht, als ich sah, dass Bernd an Kotenschlingen Stand bezogen hatte, die aber „gut“ seien, so sagte er. Also folgte auch ein ungekürzter dritter Akt des Dramas „Ich hänge am Stand und traue niemandem“, aber auch dieser ging zu Ende. Wie gut unsere Standknoten tatsächlich waren, musste Karsten dann leidvoll erfahren, als das Entfernen der Knubbel sich für ihn als definitive Schlüsselstelle der Wand entpuppte. Der Rest war Routine, der Gipfelbucheintrag jedoch etwas zittriger als sonst, die „Zigarette danach“ wollte diesmal nicht recht schmecken. Ich schämte mich meiner irrationalen Ängste und der lächerlichen Bemerkungen, die ich meinen Seilkameraden ob der vermeintlichen Vertrauensunwürdigkeit der Sicherungskette zugemutet hatte. Erstaunt nahm ich Sylvies Gipfelbucheintrag zur Kenntnis, die sich mit „Renée“ und einem unleserlichen Nachnamen eingetragen hatte. An der Tatsache, dass ich mich nicht an die Erklärung dieses Umstandes, die sie auf meine erstaunte Nachfrage hin abgab, erinnern kann, mag als Zeichen dafür gelten, wie zugedröhnt ich auf dem Gipfel des Höllenhundes gewesen sein muss.

Nach der Abseile verabschiedeten wir uns von Bernd und seinem Gast, die weg mussten, wir jedoch ließen die Rucksäcke an den Vortürmen stehen und rannten hinunter nach Rathen, wo wir auf der Terrasse des „Sonnigen Ecks“ zwei Halbe herunterstürzten. Diese Dosis reichte vollkommen aus, um zu der Überzeugung zu gelangen, das Elbsandsteingebirge sei das beste Klettergebiet der Welt und wir seien eigentlich verdammt coole Typen. Die Nachwirkungen des dort verabreichten Stoffes genügten übrigens auch, um es anschließend an der steilen Amselspitze noch mal richtig funken zu lassen.

Am Tag darauf trennten sich Karstens und mein Weg. Ich verträumte einen Tag mit der Liebsten auf dem Riff oberhalb des Höllenhundes und versäumte es nicht, ihr, während wir Rotwein tranken und Käse aßen, mit Stolz zu berichten, wie wir harten Kerle mit einer bei Gipfelbucheinträgen ihre Identität wechselnden Französin durch diese unglaublich steile Mauer gestiegen waren. Karsten hingegen musste mit dem Meister am nächsten Tag zum Klettern nach Tschechien fahren, wo er an der Schildkröte eine Geschichte erlebte, die aufzuschreiben es sich lohnte, wenn man sie nur glauben könnte.

DAS BILD ZUM SCHPOCHT

NR. 19

Wie groß die Verzweiflung dieser Menschen wirklich ist, können wir uns glaube ich nicht einmal ansatzweise vorstellen.

DAS BILD ZUM SCHPOCHT
NR. 20

Tatsächlich: Kein Umlenker! Die drei waren enttäuscht.

DAS BILD ZUM SCHPOCHT ARCHIV

www.peter-brunnert.de

ISBN 3-926807-98-9
192 Seiten, 10,00 €

„Wer Malte Roeper mag, wird Peter Brunnert lieben. Hat man erstmal angefangen, zu lesen, kann man einfach nicht mehr aufhören. (Musste ich gerade in der Mittagspause damit anfangen???). Klettern so amüsant beschrieben, dass man sogar über Stürze herzlich lachen kann.
... Bleibt zu hoffen, dass Peter Brunnert es nicht bei diesem Buch belässt."

Privatrezension bei amazon.de

Kletterpleiten, Kletterpech und Kletterpannen. Weil es nun mal nichts Behaglicheres gibt, als sich an anderer Leute Missgeschick zu ergötzen, bereitet diese Lektüre geballter Widrigkeiten uneingeschränkte (Schaden-) Freude. Nur sich nicht ernst nehmen – Peter Brunnert macht es vor. Und als Tüpfelchen auf dem i wurde jeder Story eine Illustration aus der Feder von Erbse Köpf spendiert.

Magazin Klettern, 4 Sterne